戀愛低體溫症

母女關係解謎諮商師
高橋リエ

推薦序

或許你跟我一樣，看到這本書名時整個黑人問號。

「想要愛情，卻又避開愛情」、「能進入關係，卻又無法維繫關係」、「有辦法吸引別人，卻又拒絕對方」是「戀愛低體溫症」者的主要特質。看似矛盾的行為背後，隱藏著什麼樣不為人知的秘密呢？（請自行腦補盛竹如的聲音）

「既然不想要愛情，那斬斷情絲就好了啊？」可能是你的疑問。

然而依戀理論（attachment theory）告訴我們，人類與生俱來擁有與別人接近的需求。幼兒藉由吸引成人照顧來存活，即使逐漸成長、足以自給後仍需要一個溫暖的避風港，幫助我們得到踏足這龐雜世界的勇氣。親密伴侶，就是絕大多數成人避風港的第一選擇：我們在茫茫人海中尋覓某位對象，開心時可以向他分享，悲傷時可以找他傾訴、得到安慰，挫折時擁有他的陪伴與鼓勵、再次前行。人生旅程中，人們不自覺想要這樣的愛情，你我皆然。

「等等，既然愛情被瑪那熊講得如此美好，那怎會有人不想要？」你有了新的困惑。

本書作者從幾個面向解析「戀愛低體溫症」的成因以及調整策略。「無法喜歡別人」的真相是「害怕喜歡別人」，對於未曾經歷過幸福愛情的人來說（哼，就是指母胎單身嘛，嗆我嗆夠沒？），往往因家庭或童年經驗的影響，讓他們不認為自己會被別人喜愛。「反正最後一定會被討厭，那不如一開始就放棄」，或許你覺得很消極，但對第一類低體溫症者來說，卻是保護自己的方式，畢竟我們並非天生具有「被打槍的勇氣」啊。

「可是我有一個朋友，之前順利脫單，而且對方也很愛他，為什麼他還是想跟另一半保持距離，甚至想跑開呢？」先不論你是否就是那位朋友，這都是個好問題。

已經進入關係的第二類低體溫症者，其處境並沒有比較好：「我怎麼知道這些美好、甜蜜，會否突然消逝？」、「如果一直與對方靠近，哪天他離開了怎麼辦？」

正因為我們將伴侶視為最重要的心靈避風港，所以更加擔心、害怕失去。「與其未來經歷那種痛苦，不如還是別陷下去吧」於是，愛情中的我們默默製造出一層防護罩，用淡定來阻斷對方傳遞過來的感情，以冷漠或忙碌來阻止自己付出太多。我們與愛的距離看似靠近，實則不斷拉遠，在自己葬送掉一段感情後，仍踏上找尋避風港的旅程。即使幸運地再次遇到，卻又因為害怕跑開，掉進了惡性循環中。最後，我們懷疑自己永遠無法得到幸福、不值得擁有愛情……

要打破這種「想要卻又不想要」、「一直尋覓卻又主動切斷」的輪迴，需要先了解深層的緣由與感受。這本書將引領你重新檢視自己愛情中的模樣，以及如何安放與人親近時引發的緊張、焦慮。擁有陪伴身旁、提供力量的避風港，是人生重要

的課題與挑戰，願愛情與你同在！

瑪那熊
諮商心理師／約會教練

前言

- **很難找到喜歡的人**
- **覺得和男性交往很麻煩，會設法避免**
- **熟識之後，會突然想疏遠對方**
- **總是挑剔男性這裡不好、那裡不夠，只看到缺點**
- **即使獲得男友的重視與喜愛，也無法坦然感到喜悅**
- **開始交往之後，會莫名覺得不安**

妳是否對這樣的自己感到煩惱？

許久之前，「不婚趨勢」日漸增加便已經造成熱門話題，近來不僅不婚族變多，連原本應該正值「戀愛高峰期」的年輕世代都不再與異性交往。

連戀愛都覺得「麻煩」的**「戀愛低體溫症」**的人正在增加。

除此之外，有些人因為感情路上一直遇到相同的問題，而對戀愛不再積極，也成為對戀愛冷感的「戀愛低體溫症」。

不過，這些「戀愛低體溫症」的人並不是都想就此保持單身。當中有許多人其實希望能擁有值得信賴的心愛伴侶，有朝一日能建立溫暖的家庭。但是卻無法採取行動，總是會忍不住踩下煞車。

本書就是為了這些陷入兩難困境的人而寫的。

詳細的內容會在內文再次介紹。一般來說，「戀愛低體溫症」的人都有人際關係上的煩惱，特徵如下：

- **不知道該怎麼跟別人保持適當距離**
- **總是下意識察言觀色，因而無法說出真心話**
- **容易配合對方，言不由衷**
- **在3人以上的場合，會不知道該如何是好**
- **常常煩惱自己說的話是不是不得體**
- **無法依賴別人，也不會與別人商量或撒嬌**

・會自行切斷人際關係

無法放心信賴別人，總是充滿警戒，不願表現出「真正的自己」。

跟別人在一起就會非常在意對方，因而感到疲累，只想早一點獨處。

現在，有很多人都有類似的感受。

人類原本除了「食欲」、「性欲」，還有「群聚欲」這種本能欲望。因為「想和別人在一起」、「想和別人建立關係」，人類才會彼此幫助、養育子孫，得以代代延續。

但是在日本，這種**「群聚欲」**稀薄的人，正在急速增加。

即使跟別人在一起，腦中也都是不安的情緒。不是在意這個，就是在意那個，無法好好感受和眼前的人相處的喜悅，也無法一起放鬆享受相處的時間。

就算跟別人在一起，心裡還是十分孤獨。即使面對親近的好友，**其實也沒有對對方敞開心門，跟他人「無法建立關係」**。

身為專門處理母女關係的諮商師，我遇過許多女性對我訴說關於母親與家人的煩惱。

因此，本書的主旨並不是談論戀愛的訣竅。關於與異性交往的訣竅，已有專家出版過許多書籍。

在本書我將由專門處理母女關係的諮商師立場，為苦於「戀愛低體溫症」的您找出真正的原因，思考能夠得到幸福的方法。

「覺得麻煩」的意識背後，潛藏的真正情緒是**「不安與害怕」**。

內心感到「不安與害怕」，就會無意識地警戒對方，緊張兮兮，言行舉止也會不自然。人際關係因此失調，自我否定感愈來愈強烈，便容易陷入惡性循環。

這些「不安與害怕」，其實來自於兒少時期的親子關係。

同時，本書也會揭露在我們完全無法察覺的潛在意識深處，潛藏著逃避與他人建立親密關係的原因。

我將會提出有效的方法，幫助您解除對他人的警戒。

若是各位讀者透過本書能夠找到覺得戀愛麻煩的「真正原因」，或減輕煩惱，努力解除不安，將是我無上的榮幸。

誠心希望在不久的將來，各位讀者都能安心與伴侶締結良緣，實實在在感受幸福的人生。

目錄

第1章 無法真心喜歡人的理由
～給覺得戀愛很麻煩的妳～

第2章 老是「變成小題大作的女人惹他厭煩」的理由 ~給疲於戀愛的妳~

第3章 無法享受戀愛是因為「總是擔心自己」

第4章

重新審視自己內心的人生劇本

第5章 在開始一段幸福的戀愛前，應該要知道的事

第6章
找到命中注定長久伴侶的訣竅

—第 1 章—

無法真心
喜歡人的理由

～給覺得戀愛很麻煩的妳～

無法真心喜歡別人的人，都有這兩種心結

戀愛低體溫症的人，雖然對異性和戀愛有興趣，但對於踏入一對一的關係有抗拒感，因此很難喜歡上別人。

即使與異性交往，也無法長久，會在彼此還未深入接觸的階段就踩煞車。

受到對方的喜愛與重視時，反而會產生抗拒感，總覺得事不關己，這一切都不像是真的。

戀愛低體溫症的人，常常因這些習慣而煩惱。

其實，這些人都有２個共通點。

第一，有強烈的心結，覺得**「不會有人真正愛我」**。對戀愛低體溫症的人而言，人際關係的「前提」就是「總有一天當別人發現真正的我，就會討厭我」。

他們認為「愈來愈親近」→「對方會深入了解我」→「真正的我被看見之後就會被討厭」，因此會避免和對方親近。

第二點則是**在有意或無意中拒絕和特定的對象建立「親密牽絆」**。

即使受到對方喜愛，也總是會退開一步。讓彼此的關係停留在不深入的階段，隨時可以換人的狀態。

也就是說，戀愛低體溫症的人，對於和無可取代的對象建立長期的親密牽絆，有強烈的抗拒感。

甚至會單方面斷定「和別人親近，建立親密牽絆，絕對不會有什麼好結果」。

在這裡，我想介紹幾個讀者投稿到我電子專欄的戀愛難題。

長期沒有意中人的女性

我的煩惱是「沒辦法喜歡別人」。
我已經28歲了，從來沒有主動喜歡過別人、主動告白的經驗。以前我曾經接受過告白，因為和對方相處起來很愉快，交情也不錯，就答應了交往。但我總是弄不清楚自己是不是真的喜歡對方，每次都無法順利發展。
身邊的朋友都鼓勵我說「總有一天妳會遇見真命天子」。但是，一旦仔細思考，就會覺得「我好像從來沒有主動喜歡過別人」，想到自己可能一直無法喜歡別人，就這樣年華老去，實在覺得很寂寞。

無法依靠男人的女性

我總認為戀愛「與我無緣」。

我沒有女人味，個性也不開朗，一定沒有男人會喜歡我。最後我一定會被討厭。而且，我本來就不是男人會注意到的類型。還有，我也無法依靠男人，什麼事情都是自己做。獨立自主說起來好聽，其實只是無法依靠他人，也沒辦法談什麼像樣的戀愛，只好一個人獨自求生存。

結婚，根本是遠得不能再遠的夢想。

要是能想開一點，享受獨身貴族的生活也就算了，但我連這點也做不到，反而更加煩惱。

行為與想法相反的女性

我會在無意識間跟別人保持距離，因此人際關係和戀愛都無法長久。

明明喜歡對方，卻又把對方推開，或是相反的狀況，戀愛總是在不知不覺間無疾而終。

常被身邊的人說我是「壞女人」，也有人說我是「適合當情婦」的女人。

我沒有辦法相信別人。其實，這是因為連我也不相信自己。以前我會假裝做個好人，因此有許多我不喜歡的對象都會來示好。

無法接受對方心意的女性

我今年24歲。

跟別人的距離一拉近，就會覺得害羞、不自在，忍不住疏遠對方。

我現在正在交往的對象真的是個很好的人。

但是，即使他對我說「我喜歡妳」、「妳對我很重要」，我卻不覺得他是說給我聽的，總覺得「他是在跟別人說話」，無法接受他的心意。

還曾經有好幾次，我在突然覺得悲傷、寂寞時，忍不住就回應了馬上來到我身邊的人，因而背叛了男友。

即使備受珍惜也無法感到喜悅的女性

我即使和非常喜歡的對象交往，喜悅也會在 1 秒後就消失，之後交往時就會覺得「我是個討厭鬼，反正這個人一定也會討厭我」，即使需要他的支持，也不知道該如何表現。

我非常害怕被討厭，因此總是小心翼翼地察言觀色。明明害怕被討厭，有時卻會輕易說出傷害他的話語，做出一些不可理喻的事。

即使對方非常珍惜我，我也會覺得很奇怪，感覺不自在，甚至因此用非常差勁的方式分手。一般人應該會因為自己被對方珍惜而覺得開心，我卻會覺得「這傢伙是什麼意思啊？」

即使備受珍惜也無法坦然感到喜悅，令我非常煩惱。

總是停留在「輕浮男女關係」的女性

我從某個時期開始，就自願選擇當個「方便的女人」。

思索其中的理由，發現是因為我「害怕認真面對別人」。

我對自己異常地沒有自信，無法擺脫「自己有一天一定會惹人厭」的想法，每當兩人相處一發生問題，我就會說服自己「反正只是玩玩」、「對方也只是想得到我的身體」，而自願選擇輕浮的男女關係。

我就是無法向對方任性撒嬌，或是渴求對方的愛。

世上的女性為什麼都能對男人耍脾氣，把男人耍得團團轉呢？我覺得非常不可思議。

我總是會把男女關係當作像是「契約」一樣，因為彼此的關係只到這裡，所以超過的事情不行，我也無法要求對方。我只會這樣的交往方式，所以我的情路總是走得跌跌撞撞。

我認為來信的這幾位女性絕對不惹男性討厭。若是能與她們見面，一定會發現她們每個人都是極具魅力的女性（雖然當事人或許不這麼認為）。

實際上，我確實也與其中幾位見過面，她們都是非常有魅力，極為出色的女性。

從外表看起來，完全看不出她們會有這樣的煩惱。

究竟為什麼她們會有這樣的想法呢？

不想喜歡上別人，總是忍不住踩煞車

一般來說，遇到自己喜歡的異性時，我們都會想要更了解對方。如果感覺能順利交往，會希望能跟對方成為情侶，盡量兩個人能在一起。若是覺得對方無可替代，還會渴望能結婚，共度一生。

之所以會有這樣的感覺，有一個前提。那就是我們內心認為**跟特定某個人兩情相悅之後，就能度過幸福、快樂的時光**。

同時，我們也覺得如果能跟無可替代的心上人共度一生，應該就能獲得幸福。

雖然不見得每個人都會這樣想，但大多人都抱有類似的「期待」。因此，我們會積極想和異性親近，想談戀愛、想結婚。

然而，戀愛低體溫症的人，不知為何內心就是沒有這種期待。不只沒有期待，甚至還有負面的心結。

有些人認為，即使和特定的對象親近，總有一天也一定會惹對方討厭。跟一個人共度一生，根本是天方夜譚。

總之，就是完全沒有正面的想像。

每個人都不想被討厭，當自己重視的人離開時，會感到失落、悲傷，覺得孤獨且痛苦。

但是，也有些人會想通，告訴自己「那個人跟我合不來，找下一個新對象吧」，很快就振作起來。

戀愛低體溫症的人，一旦失去自己重視的人，不但會產生失落感和孤獨，還會覺得自己的整個人格都被否定了，根本沒有生存下去的價值，因而感到絕望。

如果會發生這麼可怕的狀況，我們當然會選擇迴避風險，不讓別人成為自己心裡最重要的人。

▲「戀愛好麻煩」的背後其實是這種感情▼

戀愛低體溫症的人，其實都覺得「戀愛很可怕」，所以才會在無意識間迴避戀愛。

不過，我們平常**為了不讓自己感到「害怕」**，**都會在不自覺間掩蓋、壓抑自己的感情**。並且在意識表層轉而用「好討厭」或「好麻煩」來取代害怕。

同時，雖然是真的覺得害怕，但在有意識的思考中自己卻又覺得「想談戀愛」、「想結婚」。所謂有意識的思考，會受到社會的常識與價值觀影響，因此我們的大腦會認為戀愛與結婚是「理想的選項」。

內心（潛意識）覺得「戀愛好可怕」，**大腦卻「想談戀愛」**。這種巨大的落差會造成內心的衝突，因此衍生出「明明想談戀愛，卻無法喜歡上別人」的煩惱。接著又會把無法喜歡別人歸因於「因為很麻煩」，試圖用這樣的思考將一切合理化。

在我的諮商經驗中，當一個人「做不到」某件事時，原因並不是人們常說的「對自己沒有自信」，而是單純地「感到害怕」。

即使欠缺自信，若內心沒有任何不安或恐懼的話，不管什麼事都能夠嘗試看看。

因此，「無法喜歡別人」＝「害怕喜歡別人」，因為害怕，就會「在無意識間踩煞車」，不讓自己喜歡上別人。

所謂的戀愛低體溫症，指的就是**因為害怕被討厭，在無意識間踩煞車，不讓自己喜歡上別人的狀態**。

不過，對戀愛沒有抗拒感的人，就不會這麼害怕被討厭，而是覺得甩人與被甩都是常有的事。兩者之間為什麼會有這種差異呢？

為何愈親近就愈覺得痛苦

一般來說，當我們跟別人熟識之後，會更了解彼此，並因此感到「內心很舒服」。深入交往後，信賴感隨之提昇，也會逐漸對對方產生依戀與親密的牽絆。

一般狀況下都是如此，但是，為什麼戀愛低體溫症的人會鑽牛角尖，認為「親近對方就會被討厭」呢？

我常聽到的說法是「因為對自己沒有自信」。

曾經有人問我「到底要怎麼樣才能培養自信，相信自己也是一個能被愛的人？」

其實，**人與人親近、被愛，並不需要「自信」**。

有時，沒有自信的人透過與喜歡的人相處，反而能得到心靈上的平靜。

並不是因為「沒有自信才不被愛、惹人厭」，而是內心先認定「我不會有人愛、反正最後一定會被討厭」因為有這種想法才會變成現實，人際關係也變得不順利。因此最後，就覺得自己「沒有自信」。

這種想法其實是倒果為因。

▲人跟人要如何相處才會覺得舒服？▼

想在親密的人際關係中感到舒適，需要的不是「自信」而是「**安全感**」。

一般而言，當我們和一個人愈親近，就會愈覺得對方讓人很有安全感。然而，戀愛低體溫症的人跟別人愈是親近，就會愈加不安。

為什麼會有這種情形呢？

這是因為，戀愛低體溫症的人**小時候對應該要與自己最親近的「父母」沒有安全感**。

小時候，因為心情沒有得到父母的理解，甚至被否定、被傷害，因此感到害怕、不舒服，就會刻印下「無意識的心結」，認為「自己會被別人傷害」、「這個世界很危險」。

每個孩子都希望得到父母的愛，希望父母能重視自己、保護自己。如果不被雙親理解、被傷害的悲傷經驗反覆發生的話，便會造成以下這些心結：

- **不會有人愛我**
- **不會有人珍惜我**
- **不會有人保護我**

實際上，或許父母有可能只是個性比較容易不耐煩，或是比較忙沒有餘力顧及孩子的心情，但孩子會習以為常，並且形成心結。

與人愈親近，代表對方的存在愈接近自己的父母，因此，戀愛低體溫症的人會在無意識中將對方與自己的雙親重疊，覺得「反正你不會了解我」、「我一定又會被傷害」，因而感到害怕，產生戒心。

年幼時，父母是否接納真正的你，對你的心情感同身受，確實理解你的想法呢？父母是否像是你身旁的夥伴，總是讓你能夠安心面對一切呢？

許多戀愛低體溫症的人都是曾經被父母忽視感受，因而受傷，和父母在一起時無法感到安心的人。

因此，在與他人變得親近時，就會無意識地產生戒心，懷疑對方會像父母一樣傷害自己，然後為了避免受到傷害而疏遠對方。

若是一直壓抑內心的恐懼與悲傷，就無法感受到幸福

看到這裡，相信有些讀者會覺得「的確，我的父母就很可怕，也說過很多過份的話，傷過我的心」。

另一方面，或許也有許多人覺得「沒這回事，我的雙親是很好的父母」。

每個人都希望雙親是很好的人，因此看待父母時，常會裝上**美化濾鏡**。

然而，在我的諮商經驗中，許多內心覺得「我家很正常」的人，小時候其實也曾經「為了討父母歡心，順應父母的期待而扮演好孩子」，這樣的案例非常多。

在現代社會中，能夠得到雙親對「真正的自己」無條件的愛，成長過程無憂無慮的人，應該算是少數。

不時得看父母臉色，經常忍耐壓抑，為了讓父母喜歡自己而拚命努力，好不容易苟延殘喘活下來的人，才是壓倒性的多數。

▲「感情麻木」的理由▼

而且，我們為了生存，會選擇忘掉對自己不利的事。

為了避免想起悲傷的記憶，我們會將小時候感受到的「恐懼」封鎖在潛意識的深處，假裝它「不存在」。

這是因為孩子內心明明害怕父母，卻必須跟父母一起生活，接受父母的養育照顧，是一件非常痛苦的事。

因此，我們會壓抑內心的「恐懼」，告訴自己「這很正常」，甚至認為自己「喜歡」令自己害怕的父母。

如上所述，我們人類為了存活下去，**內心具備了一種能夠壓抑自我感受與情緒，讓自己「不去感覺」的機制**。

當這種壓抑感情的傾向過度強烈時，就會陷入無法感覺到情緒的**「感情麻木」**狀態。

不知道自己到底喜不喜歡對方，有這種感覺的原因之一就是「感情麻木」。明明非常喜歡對方，卻因為「變得親近會帶來危險」的戒心，讓我們可能在無意識間壓抑自己雀躍歡喜的情緒，讓自己「不去感覺」，告訴自己「我根本對那個人沒意思」。

麻木自己的感情雖然是活下去必須的技能，然而當我們讓自己變得沒有感覺時，**除了恐懼與悲傷之外，同時也會感受不到喜悅，也就無法感受到幸福感**（第5章會說明解決「感情麻木」的方法）。

即使還不到感情麻木的地步，但我們在年幼時對自己的父母到底有什麼感覺，其實也是相當難以釐清的。

因人而異，如果內心認定「不可以說父母的壞話」、「一定要孝順父母」的想法愈強，就愈難看清父母真正的面貌。

跟父母在一起究竟是放鬆舒適，還是坐立不安，可以從**「跟戀人與朋友在一起時，能不能輕易開口說出真心話」**看出端倪。

若妳可以毫無抗拒地說出真正的想法，代表妳對父母也能說出自己的心聲。

通常這也代表妳和父母相處時，是比較能夠放鬆的。

但是，若妳的真心話一直都是腦中「一人獨白」，覺得自己「怎麼可能把真心話告訴別人」，也許就是因為妳害怕父母，無法說出心聲，才會在無意識中對別人充滿戒心。

以下我們以一位女性個案為例子。

害怕說出真心話的女性

我現在正和男友同居中。

說是同居，其實只是我想逃離自己家，所以待在男友家而已。

但是，即使已經從家裡逃出來，我還是對來自母親的聯絡經常感到害怕。

每當我收到母親的簡訊時，即使她沒在生氣，簡訊內容也沒什麼大不了的事情，我還是會因此而坐立不安。

雖然我已經是個大人，但母親過去曾對我發脾氣，讓我很害怕，我覺得已經造成了我的心理創傷。這個創傷在我談戀愛時也造成了阻礙。

舉例來說，每當跟男友吵架時，我總是無法說出自己心裡想說的話，而陷入沉默。

連我自己也不了解自己的感受，或者該說，我會先壓抑自己的情緒。

即使心裡覺得「討厭」，也無法說出口讓對方了解。

我總覺得不管說什麼都只會惹對方生氣，因此只想靜靜等待對方的怒氣消退。

結果就是對方向我抱怨「不懂妳在想什麼」。

這時，我總覺得內心很委屈，但就算想說些什麼，也不知道到底該怎麼辦才好。

這種情況已經發生了很多次。

即使跟對方非常親近，卻說不出自己心裡想說的話。會發生這種情況，有很大的可能性是因為小時候（現在可能已經忘了）其實很害怕父母，沒辦法對父母說出真心話的緣故。

因此，即使已經長大成人，還是無法對別人敞開心房。

在本書的第 4 章，將會針對親子關係的問題仔細說明。

負面的自我形象是來自母親的洗腦?!

最後，我還要介紹被母親洗腦灌輸「**負面自我形象**」的案例。這些個案深深認為自己無法與男性交往，甚至早就被灌輸與異性交往的負面印象，因此一直無法順利戀愛、結婚。

被母親的話語束縛住的女性

我目前正在積極找尋結婚對象，但因為我對自己的家人沒有好印象，因此常常自己踩煞車，而陷入苦戰中。

相親時，當對方述說與家人之間愉快的回憶時，我就會非常傷心。聽到「之前跟家人去旅行時……」、「爸媽對我說『快娶個老婆過幸福快樂的生活』」，就會想到「我的家人都不會對我說這些話」，心裡好難過，覺得自己很悲慘。也很懷疑自己組成家庭之後，真的可以做到對方說的這些事情嗎？

另外，當相親吃飯時，只要看到對方猶豫不決，不知道要點什麼菜，明明只是一點小事，也會讓我覺得「這個人就算了吧」。

也許是因為我媽媽常罵爸爸「個性扭曲」、「像個女人一樣優柔寡斷」，造成我心裡總把「男性」與「無法信賴」劃上等號，一直到現在我還是很難讓男性走入我的人生中。

結果，或許是因為愈想愈多，我的結婚之路走得非常辛苦。

我根本沒有跟男性交往過，回頭想想，這也是因為爸媽一直對我說：

「妳是我女兒，所以是個醜八怪，所以做什麼都沒用」
「醜八怪只能認真唸書」
「化妝打扮只會讓腦袋變笨，有這種閒功夫不如唸書」
我發現自己受到這些話語束縛，或許也是因此而不認同自己，放棄當個漂亮的女性。

不讓自己主動喜歡別人的女性

回顧過往，我從來沒有談過自己主動追求的戀愛。
我似乎是自己制止自己，不可以擁有這種形式的愛情。
同時，我卻又覺得自己應該跟一般人一樣談戀愛，因而否定無法正常戀愛的自己。
我還會因為整個腦子都是想著自己的事，而在無意識間把別人耍得團團轉，害別人陷入不幸。

我覺得這樣的自己不可能會幸福，也不可以幸福。

我一直到高中畢業都住在老家。在我家，戀愛、男友這種話題，是「不存在」的。

雖然父母並沒有對我說「不准談戀愛」，但他們的口頭禪是「學生就要有學生的樣子！」因此我內心暗自覺得，他們的意思就是不希望我有少女情懷，也不准我對學生本分以外的事物有興趣。

大學時我開始自己住在外面，但一直交不到男友。

說起來，我也不清楚自己到底喜歡什麼樣的人。

偶爾有輕浮的男人來搭訕，我就在不知道到底喜不喜歡對方的情況下，隨便答應交往，輕易把自己降價出售。

如果有人喜歡我，我就會試著和他交往。但我總是一發現對方學歷不好、職業不理想、吃東西的樣子很難看，或是付錢不乾脆等缺點，就會想逃離對方，因而主動提出分手。

出社會之後，就是連續不斷的相親。

但是，我跟相親對象話不投機，約會時也非常不自然，一點都不開心，完全無法想像今後一起生活會是什麼樣子。

一一拒絕相親對象後，我開始覺得「自己或許一生都無法結婚」，一直非常沮喪。

我母親對我的婚姻有一個具體的理想，就是希望對方父母都是大學畢業，父親必須有非常體面的職業（大學教授或公司高階主管），兄弟姊妹也都有大學學位。

母親每天都叫我「快結婚」，但又每次都批評我的男友學歷或職業不佳，要我「快分手」，我覺得自己快瘋了。

明明不討厭對方卻選擇分手的女性

在過去的戀愛經驗中，我曾經因為覺得被愛的感覺很不自在，因此明明不討厭對方，卻提出分手，事後又非常後悔。

我沒有自信，總會覺得很不安，不知道對方到底是不是真的愛我，甚至會故意在他忙碌時跑到他家，確認他的心意，因此造成對方的負擔。

我似乎不知道該怎麼愛一個人。

即使直到現在，我還是會因為無法討厭前男友而陷入妄想，覺得要是那時候這樣做，現在一定會是那樣，因而心浮氣躁。

記得小時候我曾經被父母說過「妳很像媽媽，毛髮濃密」、「妳跟媽媽一樣眉毛很粗」、「妳怎麼又這樣?!」等等，雖然不是什麼很傷人的話，但他們總是挖苦我，也讓我在不知不覺間變得無所適從。

現在回想起來，其實我在成長過程中就一直對自己的外表沒有自信。

這幾個案例都很讓人心有戚戚焉。

其實，許多人都如同這些案例一樣，因為母親的影響，導致身為女性對自我的評價低落，無法鼓起勇氣與異性交往，或是因為母親嚴重介入自己的感情生活，覺得反正怎麼樣都無法修成正果，乾脆就直接放棄了。

▲母親的不安會束縛子女▼

為什麼母親會對女兒說這些不必要的話呢？其實，這也是因為**「心裡非常不安」**的緣故。

或許各位會無法理解怎麼會有母親批評自己女兒的外表，其實這是因為母親內心非常不安，覺得「這孩子長得不漂亮，萬一交不到男友結不了婚該怎麼辦」等等，然後將這些不安的妄想，直接發洩在女兒身上，或是在心情浮躁時不小心說出傷人的話。

在我的諮商經驗中，被母親說過「像妳這種醜八怪」的女性，不但每個人都不醜，還都是平均水準以上的美女，令我非常驚訝「這到底哪裡算醜八怪？」或許對這些母親而言，自己女兒的容貌就是不到標準，或者也有可能是母親自己在成長過程中經常被雙親貶低所致。

也就是說，其實**這都是母親的問題**，但小時候父母說過很多次的話，都會造成洗腦效果，造成孩子之後的人生出現各種影響。

此外，父母之所以會對孩子說出否定異性交往的話語，或許是因為父母輩年輕時對結婚前的「男女交往」有不純潔的印象。或是因為母親的母親（外婆）將單身男女的交往視為禁忌，讓母親心裡一直有這樣的想法。

雖然時代已經不同了，但因為人會基於過去的經驗採取行動，所以**雙親會將過時的價值觀強加在孩子身上，有些時候是無法避免的情形**。

▲母親會用不同的方法束縛兒子▼

另一方面，通常母親應該不太會對兒子說「你將來一定沒人要」。因為大部分的母親都很喜歡自己的兒子（不過，若母親討厭男人，或是有恐男症，也會討厭或避開兒子，可能因此造成兒子的自我形象低落）。

另外，一般而言，在與異性交往方面，母親很少像限制女兒一樣限制兒子。即使是同一位母親，也常有對女兒和對兒子態度完全不同的狀況。

對男性來說，母親的束縛是用其他的方式出現。

在現代社會，與戀愛、結婚無緣的人當中，男性又比女性來得更多。我認為這是因為核心家庭養育子女的方法，不利於男性的獨立，有很大的影響。

光是核心家庭養育子女的方式就可以寫成一本書了，因此我在這裡不多敘述。

基本上，男性與女性一樣，都會因為「不安與恐懼」造成人際關係問題。因此，本書中提到的狀況，大部分也都適用於男性。

針對母親的洗腦，以及如何掙脫父母的控制，將在本書第 5 章會再度說明。

剛剛提到的最後一個案例，不但具有主動分手的「逃避」傾向，同時也會擅自前往對方家中，確認對方心意，屬於「小題大作的女性」。

下一章就讓我們一起來看這種「小題大作的女性」。

—第2章—

老是「變成小題大作的女人惹他厭煩」的理由

～給疲於戀愛的妳～

總是為了配合對方而忍耐

本章探討的是戀愛低體溫症中原本沒有這類傾向，但因為不斷反覆經歷痛苦的經驗而逐漸疲乏，導致後來陷入對愛情冷感的族群。

第1章介紹的案例，都有害怕受傷、逃避親近他人的傾向，而本章節關注的則是強烈主張「你只要注意我一個人就好！」不斷竭盡所能付出、測試，甚至責怪、逼迫對方，最後被甩而因此傷心難過的**「小題大作女」**類型。

這種類型的人，特徵在於**腦中的想法與下意識的言行舉止有很大的落差**。即使心裡知道疑神疑鬼，過度責怪對方的自己很奇怪、很異常，但卻無法遏止失控暴走的情緒。

另一個共通點是經常壓抑自己想說的話，自我犧牲、忍耐，**勉強配合對方**。

也就是說，會過度回應對方的需求。

因此，這類型的人常會為了對方犧牲奉獻卻又輕易被甩，或是不斷忍耐，最後情緒爆發，自己破壞了與對方的關係，因此受傷很深，反覆經歷著痛苦的經驗。

在這裡，我也要介紹實際的案例。

為愛犧牲奉獻，卻突然被對方斷絕聯絡的女性

我很少喜歡別人，也無法尊敬一個人。

難得遇到喜歡的人，對方多半也都不喜歡我。

反倒是我不喜歡的人常常喜歡我，甚至常常遇到跟蹤狂。

不管是對男性朋友、戀人還是女性朋友，我常會不由自主的扮演起媽媽的角色，盡心盡力照顧別人。

所以，遇到喜歡的人，當然也會犧牲奉獻。
但某一天對方就突然中斷了聯絡，音訊全無。

交往之後就迷失自我的女性

我一跟異性交往，就再也沒有心力經營自己，外表也會愈來愈難看。
還會經常看男友的臉色，想到他是不是因為我的關係而沒有精神，就會覺得很難過。
我總是會100%配合對方，無法表達自己的感受。還會一直忍耐，但到最後就會變得很情緒化，我只能用這種方式表達自己的感情……，而且不斷重複一樣的情形。
我曾經把足以購買一台新車的鉅款借給男友。
隨著年齡增長，戀愛經驗增加，這種狀況也愈來愈嚴重。

我希望對方只看著我一個人，這種心情強烈到異常的地步。

就算是普通朋友，只要對方跟其他人要好，好到快被搶走了，我就會開始說那個人的壞話，把朋友留在我身邊。

對男友也是一樣，只要他和女同事或是普通的女性朋友交談，我就會感到強烈的不安，內心非常害怕。

明明男友不是會花心的人，我卻忍不住想像他會和那位女性有什麼發展，搞得自己很苦悶。以前實際上也發生過男友偷吃，我因此得胃潰瘍的經驗。

一交了男友，我就會想扮演好女人，變得無法做自己，讓我非常痛苦。

我想，我大概只有單身一輩子，才能活得像自己。

希望對方了解自己全部的女性

我一直都希望喜歡的對象可以了解我的全部，而且要把我放在心裡的第一位。

因為我對自己沒有自信，每次看到他的反應，心情總是會高低起伏，只要他稍微有點冷淡，我就會覺得他討厭我了，一切都結束了。

起初交往大概3個月時，他還會和我好好溝通。但之後便開始對我的情緒和言行感到不解，最後向我提出分手。

被喜歡的人否定，感覺像是身體的一部分被撕裂一樣，非常痛苦。

我很煩惱，覺得自己或許不適合談戀愛，或是我的條件比身邊的人差，可能會就此單身一輩子了。

將沉重的愛情強加在對方身上的女性

我的煩惱是，會忍不住用我母親表達愛的方式來對待我男友（其實是以愛為名，強迫對方接受自己的擔憂）。

我自己就是因為母親的愛太沉重，而且她不願意關注真正的我，所以逃出家裡。而男友也是一樣，選擇從我身邊逃離。

因為怕對方逃跑，我會更努力讓他更愛我，不斷自我犧牲，結果反而變得愈來愈沉重、愈來愈負面。

我在做這些事情的時候都是沒有自覺的，讓我現在怕到根本不敢交男友。

與一般朋友相處時，我不會用這麼沉重的愛情表達方式，因此也常被周遭朋友說「妳怎麼可能沒男友啊！」

突然大吼大叫的女性

我總是重蹈覆轍，談戀愛每次都因為一樣的原因失敗收場。

原因在於，我會突然向對方（不限於異性，有時是很重要的同性親友）大吼大叫。

對方會因此離開我，這也是理所當然的。

前幾天，我又對很熟的男性朋友做了一樣的事，連我自己都覺得莫名其妙。

他是我非常重視的朋友，聽我說話時總是非常有同理心。他的離開，讓我內心一直懊悔至今。

我反覆思考自己到底為什麼會這樣，結論是我對自己重視的人（例如情人等），總是無法好好表達自己的想法與感受。

我內心總是非常害怕，當我把想法說出口，對方會有什麼表情、反應，當這種不安超過忍耐的極限，我就會如潰堤般大吼大叫來反駁對方。

無法停止嫉妒的女性

我一遇到喜歡的人，就會為他盡全力犧牲奉獻。但還是常被對方罵，或是說我的愛不夠。

我的感情路一路走來，從來都沒有情人送過我禮物，也不曾和情人一起到好餐廳吃過飯，因此 7 年前我就放棄不再戀愛了。

其實，我的嫉妒心很強，只要喜歡的男性跟其他女性說話，或是表現得很親密，我就會無法接受，還會在無意識間瞪視對方。

總之，就是想要他只看著我一個人。

「為什麼你一定要有女性朋友」、「為什麼那個女的都知道你有我這個女友了，還要黏著你」、「為什麼你跟那個女的說話的時候比跟我說話還開心」，這些想法，連我自己都覺得很可怕。

幾十年來，我不斷親身體會到「我就是沒有價值」、「不會有人珍惜我」、「異性不會愛我」、「說疼我其實都是情緒勒索」、「正經的男人不會愛我」，到現在，戀愛跟結婚，對我而言就只有恐懼。

一交往就會把對方綁死的女性

我只要一開始跟男性交往，就會非常依賴對方。本來應該開開心心的戀愛，不知為何卻總是充滿不安與擔憂，常常演變成束縛住對方。

我也搞不清楚情侶之間的距離感，總覺得可以表現出真正的自己，但只要對方的態度或發言稍微不順我的意，我就會非常生氣。

我真的非常希望對方腦袋裡可以一直都想著我。

在以上煩惱案例中，常會看到**「希望對方只看著我」**、**「希望對方可以一直想著我」**這些句子。

因此，這些女性會盯緊對方的一舉一動，經常充滿警戒心，擔心他是不是對其他女性有意思，只要發生一點小事，就會過度反應。

也就是說，太過疑神疑鬼。

明明沒有劈腿，女友卻老是因此吵鬧、指責的話，男性也會很不高興，覺得「妳就這麼沒辦法信任我嗎」（其實，這些女性真的就是無法相信對方）。

為什麼事情會變成這樣呢？

會為了一些小事懷疑對方「是否真的愛我」

會忍不住一直確認對方是不是只看著自己，是因為心裡有一個「無意識的心結」，認為**「我一定會被重要的人拋棄」**。

內心覺得總有一天自己會被拋棄，因此總是提高警戒。

第1章介紹的案例，都有害怕受傷，逃避親近他人的傾向，本章提到的案例則是**因為不想被拋棄而拚命犧牲奉獻，或是經常生氣指責對方，步步進逼**。

這種類型的人，雖然內心深處一樣有著「害怕受傷」的不安情緒，但處理情緒的方式非常兩極化。

以下將本書第 1 章提到的類型稱為**「迴避型」**，本章提到的案例稱為**「不安型」**。

「迴避型」的人，內心覺得「反正總有一天對方會討厭我」，但又很害怕自己被討厭、被拋棄，壓抑這種恐懼感，讓自己不去感受，甚至不去意識。

事實上，這類型的人是因為害怕而逃避，卻因為沒有意識到真正的原因，反而覺得是因為「戀愛很麻煩」。

另一方面，步步進逼的「不安型」，則是一直感覺到對方的心會離自己遠去的「恐懼感」。

當「恐懼感」佔據了整個腦海，就會產生「我會被拋棄！」的危機感，而因此容易陷入恐慌。

接著，就會忍不住大吵大鬧。

為了抓住對方的心而犧牲奉獻，先不談效果，在邏輯上還算是可以理解。

然而，因為嫉妒而妄加責怪對方，事實上就是在攻擊對方，可能因此招致對方的厭惡，實在不能說是好的應對方式。

即使內心也很清楚這個道理，但還是無法停止類似的行為，這是因為恐懼感導致的「被拋棄的不安感」已經徹底佔據了身心，已經無法用理性來控制自己的緣故。

對戀人過度執著，是因為「渴求父母的愛」失控所致

不安型的人，內心深處的恐懼與不安，來自於小時候的親子關係。

和迴避型的人一樣，不安型的人跟父母相處時，也感到「無法安心」。

不過，迴避型的人是內心的感受遭到父母否定或忽略、置之不理。相對的，不安型的人其實有獲得父母的關心。

不過，父母對待他們的方式，可能不太適當，或是較不穩定。

母親在從容不迫的時候，會滿懷著母愛照顧孩子，但一旦變得忙碌時，就對孩子很兇，或是在弟妹出生後經常喝斥女兒「妳是姊姊，要表現得像姊姊的樣子！」都屬於這類案例。

這時，不安型的反應與迴避型不同，**「對雙親的渴求」**會變得更加強烈。強烈渴求雙親的愛，同時也懷抱著不知何時會被拋下不管的恐懼感，這是非常危險的狀態。

不安型的人，應該是曾度過了情緒劇烈起伏、相當不穩定的幼兒時期。長大成人之後，這種狀況依然持續。當不安型的人面對親近、重要的對象時，就會將強烈的渴求與害怕被丟下的恐懼感一起發洩在對方身上。

因此，在某些情況下，會採取非常激烈且具攻擊性的態度。

強烈「被拋棄的不安感」，經常來自於小時候被母親訓斥「再不聽話我就要把你丟掉！」之後真的被丟下，甚至因此走失的經驗，造成了心理創傷。父母原本或許只是為了管教孩子而嚇嚇他們，但小孩非常柔弱無力，會因此感受到「死亡的恐懼」，造成內心的創傷和陰影。

在這種情況下，不安型的人長大成人之後，只要一覺得「他的心是不是不在我身上了」，就會在無意識中想起小時候被母親拋棄的強烈恐懼感，引發過度反應，進而責怪對方。

不安型的人其實只是想告訴對方「不要拋棄我！」但強烈的恐懼感引發過度防衛反應，所以實際表現出來的態度具有強烈的攻擊性。

對方會覺得**「受到無理取鬧的攻擊」**，當這種情況不斷發生後，就會逐漸感到反感，而開始厭倦。

若是內心很害怕被拋棄的話，我建議這類型的人可以多留心注意自己是否「經常在攻擊對方」，然後試著去控制自己的情緒反應。

控制過度反應的方法，請見本書第５章。

為何會對對方做出跟母親一樣的事

在本章介紹的案例中，有些人的煩惱是「會將母親過去對自己表達愛情的方式（以愛為名，強迫對方接受自己的擔憂）用在男友身上」。和這位個案一樣，明明很討厭母親對自己做的事，自己卻會向戀人做出同樣的行為，這是相當常見的情形。

人類是哺乳類動物，在柔弱無力的幼兒期，會模仿身邊大人的行為求生存。身邊的大人是成功生存的範例，因此只要模仿他們，生存的機率就會提高。這是動物與生俱來的「**銘印**（**imprinting**）」。

我們在幼兒期會觀察母親如何對待身邊的人，學習之後將之內化成自己潛意識的一部分。

因此，許多女性都會模仿跟自己同性別的母親（有些女性也會模仿父親）。結果就是對身邊的人做出過去母親對家人做的一樣行為。

我遇過許多個案都會說「我不想變成跟媽媽一樣」。舉例來說，不想像母親一樣，總是整天抱怨別人，長大之後，雖然能夠做到不抱怨，但在自己沒有意識到的其他地方，還是會做出跟母親一樣的事情。

第 5 章將會詳細說明改變這些行為的方法。此外，除了母親，我們還會受到父親的影響，這部份會在第 4 章解釋。

下一章，我將會從「自律神經構造」這個新觀點，說明為何迴避型的人明明喜歡對方，卻會選擇主動離開，以及不安型的人為什麼會因為嫉妒心作崇而大吵大鬧。

— 第3章 —

無法享受戀愛
是因為「總是擔心自己」

無法享受戀愛的人的共通點

在第1章與第2章，我們看到了迴避型與不安型的案例。

所謂的「戀愛低體溫症」，嚴格上來說指的是迴避型的人。

不過，現實中也有許多不安型的人因為過去不斷經歷痛苦的戀愛，最後陷入了對戀愛冷感的狀態，因此不安型也算是戀愛低體溫症的族群之一。

此外，還有一些人是屬於同時具備迴避型與不安型特徵的**「混亂型」**。

但不論是哪一種類型，都具備同一個共通點，那就是在有意無意之間會感到**「強烈的不安感」**。

不安型的人可以感覺到自己內心的不安與恐懼，而迴避型的人不會注意到這些感受。混亂型的人則是有時會在無意識間疏遠對方，有時又會因內心的不安而變成「小題大作女」。

▲無法停止擔心自己▼

除了不安之外，這三種類型的人，還有另一個共通點。

那就是不論哪一種類型，都被自我否定與不安所束縛，覺得「反正之後他一定會討厭我」、「我一定會被甩」，即使是好不容易終於開始跟異性交往，也會「**一直不停的擔心**」。

難得兩人有機會相處，內心卻一直在擔心，這種狀況也可以說是造成情路不順的原因之一。

有些戀愛中的人會陷入情緒不穩定，有時心情雀躍，有時卻疑神疑鬼陷入不安狀態，這雖然也是一種「戀愛的醍醐味」。不過一般而言，戀愛中的人感到的喜悅、興奮與充實的感覺應該比不安更多。因為一般人並不會太過「擔心自己」。

因此，戀愛時多會想到對方現在的感受，或是思考要怎麼做才能讓兩個人在一起更開心，想法較為積極正面。

而戀愛低體溫症的人，雖然也會想著對方，但卻老是注意到對方的缺點，或是**「對方現在對自己的看法是什麼呢」**，而變成經常在「擔心自己」。

即使是為對方犧牲奉獻，理由也是「為了讓自己不要被討厭」，與其說是為了對方付出，**其實是「為了自己」**。因此很容易演變成「對方根本不需要，只是為了滿足自我的自我犧牲」。

明明總是犧牲自己，一直忍耐、付出，最後對方卻拂袖而去，心裡覺得這都是「為了對方」而壓抑、付出，導致「被害感」愈來愈強。也有可能因此歸咎於自己「男人運不好」而陷入自我否定中。

不過，事實上這些人是因為不希望被對方討厭，又渴望對方只注視著自己，才會因此犧牲奉獻，不斷忍耐壓抑。

因為內心的不安而漸漸疏遠對方，或是自我犧牲、責怪對方，又因為對方離去而陷入自我厭惡，說穿了，其實全都像是一個人在唱「獨角戲」一樣。

▲試圖自我控制不穩定的狀態▼

這種「獨角戲」，具體來說是什麼意思呢？

迴避型的人不管對方是什麼樣的人，只要彼此的距離一縮短就會感到非常不安，所以會想要控制這種情形而疏遠對方，讓自己回到一個人的狀態。這是因為迴避型的人可以藉由獨處冷靜下來，維持心情穩定。

不安型的人由於對彼此的關係缺乏安全感，所以經常感到不安，為了讓自己的情緒穩定，會在無意識間**想要控制對方**。

想控制親近的人有許多方法，一般最常使用的是下列3種。

□支配型

發脾氣，採取攻擊、貶低或懲罰的方式，表現出高壓的態度來控制對方。

□附屬型

藉著忍耐、自我壓抑與犧牲奉獻來控制對方。

□操縱型

設法騙取對方同情，或是故意去激怒對方，讓對方產生罪惡感，藉此來控制他人。

「小題大作女」之所以會惹人厭，就是因為會在無意識間試圖控制對方。

試想如果被他人控制，自己的想法不受到尊重，每個人都會心生反感吧。

即使對方是喜歡的女性，但經常遭受控制、耍弄的話，也會漸漸地感到厭煩、倦怠，最後會選擇離開也是無可奈何的決定。

戀愛低體溫症是如何產生的？

不過，也有許多人在戀愛中比起不安感，感覺到的喜悅反而更多，我將這種類型的人稱為**「安定型」**。

安定型的人，不僅在戀愛上，在其他人際關係中也會經常向對方表達出自己的感受，即使是吵架的時候，也會好好地彼此互相交流。

然而，迴避型、不安型與混亂型的人，即使對方就在眼前，內心仍經常感到孤獨，真心話也都是「腦內獨白」，並沒有和對方真正地相互交流。

這些差異取決於第1章與第2章提到的，嬰幼兒時期親子關係是否穩定有關。

當小嬰兒肚子餓，或是尿布溼了，或是覺得不舒服、感到壓力時，就會生氣、哭泣。這時，若母親每次都能用適當的方法處理，給予小嬰兒安心感的話，孩子就會學到在感到壓力而不舒服時，可以**「藉由（自己以外的）他人來感到安心」**。

同時，**還能學會依賴、信賴他人**。

即使母親一時不在身邊，只要孩子知道媽媽一定會回來安撫他，就可以安安靜靜地等待。

嬰幼兒時期，跟母親在一起覺得安心的孩子，長大之後的人際關係就會很穩定。

能夠向對方說出真心話，坦率求助，就算沒有跟對方在一起時也可以冷靜、安心地等待，不會疑神疑鬼。

▲自己安撫自己的迴避型▼

另一方面，若母親不太理會，或是經常被忽略，孩子就會學到當自己感到壓力而不舒服時，「不會有任何人來幫忙自己」。

即使生氣、哭泣時，也沒人理會，孩子就會覺得害怕、恐懼，以為自己或許會死掉，而全身僵硬。

漸漸地，孩子便學會自己一個人忍耐壓力，安撫自己，讓自己身心冷靜，放棄向他人發出求救訊號。

這種孩子長大之後，就會成為「迴避型」的大人。

迴避型的人之所以會覺得「一個人獨處比較安心」，是因為從嬰兒時期開始就一直**練習著「自己安撫自己」，已經習慣成自然了**。

迴避型的人一旦跟別人親近，就會設法疏遠，這是因為嬰幼兒時期「渴求（母親）的關注，卻沒有得到回應」的恐懼感，已經造成了心理上的創傷。

也就是說，迴避型的人害怕彼此親近之後，自己就會渴求對方的關注，因此才會加以迴避，不讓對方與自己更加親密。

▲育兒方式會受到潮流影響▼

各位是否認為嬰兒在生氣哭鬧時，母親卻選擇無視，是很不可思議的事情呢？

舉例來說，若母親本身情緒憂鬱、忙於工作或家事，無法陪在孩子身邊，或是信奉戰後曾一度流行的《斯波克博士育兒聖經》，認為嬰兒在號哭時如果回應的話「會養成要人抱的習慣」而不應去理會，喝奶與換尿布也應預先決定好時間之後照表操課，這時，母親其實就是「沒有回應孩子的呼喚」。

育兒方式每個年代其實也有不同的流行風潮，在《斯波克博士育兒聖經》流行的時代，甚至認為奶粉比母乳更衛生、更理想（據說斯波克博士在晚年已經承認當時自己的觀念錯誤，並且因此道歉）。

當時信奉這套育兒聖經的父母，為了幫助孩子獨立，覺得「我也是出自於一番好意」，而選擇了不去回應孩子的呼喚。

▲用吵鬧求助的不安型▼

另一方面，當嬰兒哭泣時，母親雖然有所行動，但方法卻不適當，或是太過火時，就容易導致孩子長大後變成「不安型」。

嬰兒可能會因為母親的對待方式而感到安心，也可能因此感受到多餘的壓力，而更加不舒服。

當不舒服的感覺增加時，嬰兒會號哭得更加大聲來表達不舒服，這時可能會有效果，但也可能反而會激怒母親，讓狀況更加惡化。

也就是說，當嬰兒向母親求助時，不知道母親的反應會是好還是壞，嬰兒便會逐漸習慣於這種不安的狀態。

即使知道有時可能得不到安心感，甚至只會讓自己更不舒服，但因為不知道其他的解決方法，所以仍然會持續釋放出渴求母親關注的訊號。

一感覺到不安或壓力大時，就會大聲哭鬧，藉由大吵大鬧來求助，這種模式會逐漸養成習慣。

然而事實上又很少因此而得到自己想要的結果，所以不管怎麼求助，都得不到安全感。這種壓力反而會讓渴求關注的表現更加劇烈。

即使長大成人後，依然不斷重複這樣的循環。

為了解決不舒服與壓力，選擇默默獨處，或是以誇張的表現方式尋求他人的關注，就是迴避型與不安型的差異所在。

▲兼具迴避型與不安型特徵的混亂型▼

還有一種是同時具有迴避型與不安型特徵的混亂型。這種類型多是在嬰幼兒時期哭泣求助時，以為會被忽視，但事實上有時母親會來安撫，卻又因過度安撫造成壓力，或被母親怒吼「你好吵！」一被用兇惡的態度對待等等，母親經常隨著當下的心情來改變對待孩子的方式，導致孩子面臨無法預測的狀況，這樣的案例也很多。

無法預測的不安感，讓孩子也逐漸養成**隨機行動的習慣**，有時會放棄而安靜下來，有時卻會大哭大鬧。

這種類型的孩子長大成人後，便會做出連自己也無法預測的行為，例如明明迴避對方，卻又突然改變態度窮追不捨，甚至大吵大鬧。

有些案例會因為強烈不安而喪失理智，為了測試對方而步步進逼，甚至做出自殺未遂等極端的行為。

這或許是幼兒時期曾經有過藉由極端的行為，暫時成功獨占母親的經驗，才會不斷重複相同的行動。

在這裡，我們可以先將親密的人際關係，大致上區分成安定型、迴避型、不安型與混亂型。

每個人都有心理創傷

前面的章節提過，迴避型與不安型的人跟別人親近之後，會在無意識間感到「恐懼」。

這是因為在嬰幼兒時期，沒有得到最親近的母親適當的照顧，造成打擊，釀成日後的**心理創傷**。

提到心理創傷，一般人多會覺得是在戰爭中受難，或遭受性侵等犯罪受害，或危及性命的「特殊事件」才會產生。

不過，其實就算沒有發生特殊事件，也會造成心理創傷。

即使只是很普通的日常生活，但只要感覺到強烈的悲傷、強烈的恐懼或強烈的憤怒，並且將之忍耐壓抑，沒有表現出來，這種**「未處理的情緒能量」就會無法紓解而積存在體內**，成為心理創傷。

其中很特別的，是從親子關係中導致的心理創傷，又稱為**「發展性創傷」**，所謂的戀愛低體溫症，就是從這種「發展性創傷」的深處所浮現出來的現象。

「發展性創傷」在人生的極早期就開始，會經過很長的時間，在日常生活中不斷累積。

因此，不但根深柢固，還有非常複雜的關係，無法輕易解決。

我們人類是哺乳類動物，嬰兒期若是得不到母親的愛，沒有母親的哺乳，就會死亡。

實際上，即使母親不在，只要有其他養育者照顧，嬰兒就可以活下來。不過，人類這種哺乳類的孩子，會遵循本能渴求母親的關注，若是遭到母親忽視，柔弱無力的幼兒就會感受到「死亡的恐懼」。

嬰兒雖然不會說話，但確實會有情緒感受。

沒有得到母親適當回應的嬰兒，會一個人獨自懷抱著恐懼，造成日後的心理創傷。

舉例來說，母親不理會幼兒，放著不管，除了心理創傷之外，還會讓孩子產生**「無意識的心結」**，認為「不會有任何人來幫我」。

當然，他們不會用言語訴說，而是以**無力感**、**絕望感與孤獨感等方式深深刻劃在幼小的身體裡**。

「不了解自己的感受」是因為啟動求生模式的關係

當人類感覺到恐懼時，會誘發自律神經反應，使交感神經活躍，為了保護自己的性命而進入**「戰鬥或逃走」**的**「高度警戒狀態」**。

進入「戰鬥或逃走」的狀態時，血液會集中到肌肉，心跳與呼吸加快，身體也會做出備戰姿勢，變得緊張，讓自己隨時都可以戰鬥或逃跑。

本篇將這種進入「戰鬥或逃走」姿態的情況，又稱為**「求生模式」**。

即使在眼前沒有任何危險或威脅時，我們也會因為「心理創傷反應」而在無意識間感到恐懼，自律神經也在瞬間產生反應，身體也進入「求生模式」的狀態。

這是「生死存亡」的極限狀態，因此頭腦會變得僵硬，陷入非黑即白的**「兩極思考」**，只能判斷是黑是白、是○是╳、是對是錯、是敵是友，無法用彈性靈活的方式思考。

▲在求生模式下，沒有餘力「傾聽感受」▼

所謂的求生模式，類似在戰爭時在前線瀕死苦戰的狀態，進入這種模式後，心裡只會有「我一定要活下去」這個念頭。

在戰爭中，我們不會有心力思考「我這麼做的話，對方的感受如何」。

此外，在求生模式下，**我們也不知道自己真正的感受**。因為情緒神經都已經停止運作，感覺不到恐懼、悲傷和痛苦。

事實上，在前線拚死作戰時，即使受了重傷也不會覺得痛，這是因為在前線上已經顧不得疼痛。等到返回安全的地方，才會開始感覺到痛。就跟我在之前的章節提過的，為了生存，我們人類具備了讓自己「不去感覺」的機制。

迴避型與不安型的人，跟異性接觸時之所以會一直擔心自己，是因為身心都處於求生模式的狀態下所致。

求生模式是一種只專注於自己能不能活下去的狀態，因此沒有餘力發揮同理心或體貼，也無法在精神上與對方交流。

迴避型、不安型與混亂型的人，也多有慢性肩膀僵硬，或是胃腸較弱、便秘等煩惱，或容易陷入非黑即白的兩極化思考。

接著讓我們再仔細看看迴避型與不安型的身心狀況。

迴避型
愈親近就會愈緊張

迴避型的人，只要跟別人愈來愈親近，就會在無意識中想起嬰幼兒時期被母親忽視的恐懼感。

接著，身體會在一瞬間切換到求生模式，進入「高度警戒狀態」。即使對方什麼也沒做，只要感覺到「變得親近」，警戒心就會提高，變得緊張不已，身體也擺出臨戰的姿勢。

而且，還會在無意識中把對方當成可能會傷害自己的「敵人」。在潛意識中認為「不會有人來幫助我」，因此無法相信別人。

當一個人產生戒心，開始自我防衛時，態度一定會帶有攻擊性。

而且，迴避型的人，已經養成了藉由一個人獨處，來解除高度警戒狀態，用這種方式讓自己安心放鬆的習慣。

明明是很喜歡的對象，卻自己推開、疏遠，甚至說出傷人的話攻擊對方，都是因為**自我防衛時會主動發動攻擊，才能盡早回到一個人的狀態，讓自己恢復平靜**。

難得遇見有好感，想要親近的對象，但只要一親近，就會引起心理創傷反應，在無意識間敵視、攻擊對方，這實在是非常悲傷的情況。

因為一切都是無意識間發生的「反應」，因此就算是本人，也不明白自己為什麼會這樣。

其實這是因為自律神經進入了求生模式，才會發生這些情形。

不安型
愈親近就愈疑神疑鬼

另一方面，不安型的人在嬰幼兒時期向他人求助時，沒有從父母的對應方式中獲得安心感，因此養成了長大後用激烈的手段告訴對方「不是這樣，要那樣！」「你怎麼都不懂啊！」的表達習慣

不安型的心理創傷，是「期待落空」時的打擊。

明明都已經在求助了，卻老是被錯誤或是冷酷的對待，因而感到恐懼、悲傷。將這種情緒壓抑在心裡，就會造成心理創傷。

不安型的人，跟別人一親近，就會引發創傷反應，神經系統轉換成警戒狀態。這是因為不安型的人內心害怕他人再度讓自己失望、傷心或害怕。

為了避免這樣的情形，不安型會企圖自己控制狀況，用各種手段拚命配合對方、犧牲奉獻，或採取攻擊態度，甚至試圖引起對方的同情。

儘管如此，他們心裡還是一直覺得「期待會落空」，因此當情況和事先設想的一樣，即使對方並沒有背叛自己，還是會感到強烈的憤怒。

因為內心根深柢固地覺得「反正你一定會背叛我」，因此無法相信別人。只要一點小事，就會馬上疑神疑鬼。

迴避型的人只要一人獨處就能放心，而**不安型的人，需要靠他人才能讓自己冷靜下來**。

因此，不安型的人會用更強烈的表現方式向別人訴說「你要了解我」、「你應該多注視著我」。

被開啟求生模式的父母所控制

在前面的章節，已經針對迴避型與不安型的特徵，說明了嬰幼兒時期與母親的關係所造成的心理傷害，以及「無意識的心結」。

或許可以說，在感到恐懼、緊張，面臨「要戰鬥或要逃走」的難關時，迴避型會選擇「逃走」，不安型則會選擇「戰鬥」。

迴避型會逃進孤獨的一人世界，不安型則是不斷向對方表現自己的需求並戰鬥。

如果在這樣的求生模式狀態下，走入婚姻、養育孩子，勢必將會再度發生各種問題。

因為經常處於緊繃的狀態，所以會在無意識間一心一意只想保護自己，無法體貼丈夫與孩子。

當女性內心充滿不安、焦躁不已，被「不得不如此」的念頭不斷逼迫的話，就會經常不高興，不停的抱怨丈夫與小孩，難以建立快樂溫暖的家庭。

▲在無意識間一直害怕母親的否定▼

目前社會多演變為核心家族，親子之間的距離非常親密，父母對孩子的影響也非常大。

有些父母不管孩子幾歲，**總是經常數落、干涉他們，這種父母其實也是處於求生模式的狀態。**

不僅限於不安型與迴避型，一般人情路不順的原因，也可能是像這樣，在求生模式下「害怕母親的否定」所導致。

原本我們都覺得在長大成人之後，應該就可以和母親不喜歡的對象戀愛、結婚。

但是，因為母親有強烈的支配欲而不得不服從，或是與母親的關係不穩定的人，反而有更在意母親想法的傾向。

以下舉幾個個案為例。

無法擺脫父母的女性

我在30多歲時離婚，空窗十幾年後再次跟男性交往，但歷經兩年半全心全意的努力，最後還是被甩了。

第一次結婚時，父親說「妳現在結婚太早了」，推遲了我的婚期。婚後，父母還是不斷介入我的婚姻，令我婚姻不順，最後走上離婚這條路。

這次，母親還是擔心男友的老家在鄉下，直說「鄉下不行，會很累」，將她的不安強加在我身上。

父母總是讓我無法擺脫，快要喘不過氣來。

可能是因為這樣，我的感情路也走得不順。

現在我住在老家，談著遠距離戀愛，外出時卻還是煩惱要怎麼跟爸媽開口報備要去哪裡？為什麼要外出？或是他們會不會覺得我這樣很不自然等等。明明我都已經這把年紀了。

被母親束縛的女性

我跟現在的男友已經論及婚嫁，有一次男友、我和母親一起去吃飯，當時母親很開心，我以為「這次跟之前的男友不一樣，一定沒問題」，結果一段時間之後，母親對他還是沒有好話。

之前，我曾有一次和母親談過這件事，那時母親哭著對我說「妳是我用心養育，捧在手掌心的女兒，想到妳和那種男人交往，我就好難過」。

結果，不管我和什麼類型的人交往，母親都沒有好臉色。

不管是多麼高學歷、高收入，長得又好看的人，最後我還是會被母親的意見所束縛，這種恐懼和困擾令我很煩惱。

這些案例中，都有支配欲太強的父母，老是擔心東擔心西，然後忍不住介入子女的人生，強迫子女按照自己的想法過生活。

這些父母內心深信著，**孩子就應該要跟符合父母期待的對象結婚**。

即使女兒已經成年，年紀也老大不小了，卻依然想控制她，這個原因也是來自於內心強烈的不安。

此外，支配欲強的父母，還會在無意識中想把孩子一直留在身邊支持自己。

象。

這種父母在潛意識中對孩子有所依賴，希望孩子能一直幫忙，當自己的說話對象。

因此，他們會一直說已婚女兒丈夫的壞話，甚至讓女兒離婚回到自己的身邊。當然，這一切都發生在無意識間，所以他們嘴上也會常跟人抱怨說嫁出去的女兒又回家真是給人找麻煩等。

這種支配欲強，但同時又無法離開孩子，無法放手讓孩子獨立的父母，經常都會成為現在年輕世代戀愛、結婚上的障礙。

▲父母也有心理創傷▼

在我的諮商經驗中，這類父母常是因為歷經戰爭時期及戰後「極貧」時代的恐懼感，造成了心理創傷，在他們心中認為「確保食衣住所」是最重要的事。

之所以強烈要求女兒交往的對象或未婚夫要有好學歷、好職業，是因為內心覺得「能不能讓女兒一生豐衣足食」是最重要的條件，只要有一點令人不安的因子，就會非常擔心，忍不住出言干涉。

而且，這類父母通常觀念較為守舊，會被過去舊時代的「常識」所束縛。又因為處於求生模式而頭腦僵化，才會深信「職業一定要是○○才行」。

還有，對「**勝負**」非常堅持的父母，很可能因為不想輸給親戚、不想輸給鄰居等理由，要求孩子的結婚對象必須具有可以向周遭親友炫耀的條件，否則就不能接受。

其實，這種對「勝負」的堅持，似乎是敗戰的心理創傷所導致。在無意識間覺得「輸了就會死」，才會對勝利有強迫性的堅持。

這種父母多會用頑固的兩極化思考，堅持「自己是對的」，非常難以解決，而且完全沒意識到自己的否定跟干涉會傷害到女兒。

總之，只要不順自己的意，就會生氣。

我將這種無法了解孩子的感受，過度擔心又過度干涉的母親稱之為「**毒母**」（這裡的「毒」指的是不安）。

這種母親非常在意外界的眼光，因此凡事會表現得很好，乍看之下是個好媽媽。然而，卻忽略孩子的心情，女兒只能在背後暗自煩惱著。這樣的案例，目前非常常見。

針對這種令人困擾的父母該如何應對，我已在上一本著作《媽媽，請放我自由！》中有詳細的介紹，請各位參考。

無意識間把「對父母的憤怒」發洩在對方身上

看到這裡，各位是否稍微了解自己了呢？

不論是迴避型，還是不安型，都常常會傷害對方。

內心其實很渴望建立彼此信賴的關係，但卻老是說出傷人的話疏遠對方，或是步步進逼、攻擊。原因的根源，可以說都是因為小時候母親沒有回應自己的要求給予安心感，因此對母親心懷憤怒所導致。

因此，其實我們是將對母親的憤怒，遷怒到無關的他人身上。

不過，許多人都無法意識到自己內心對母親的這種憤怒。

這種憤怒其實有時也會針對父親。

當我們心裡強烈希望父親「多注意我」、「重視我」、「保護我」，但這些願望卻沒有實現，悲傷就會在不知不覺間轉化成憤怒，因此遷怒男友或丈夫。

這種對父親的憤怒，也多是無法自己察覺的。

接下來，讓我們再次整理安定型、迴避型、不安型與混亂型的原因。

□安定型

嬰幼兒時期向母親求助時，母親做出適當的回應，從中獲得安心感。

即使母親無法立刻回應，短暫等待後也會得到回應，能夠感到安心。

如此一來，就會得到「只要自己發出求助，一定會得到幫助」的安全感與信賴感，長大之後也會成為能夠和他人交流、協調，一起度過困難或壓力的大人。

除此之外，即使對方無法馬上回應，安定型的人也能自我調整，安靜等待。

安定型的人多半能處於「交流模式」，內心感到「安心、安全」，且可以輕鬆愉快地與他人相處。

□迴避型

嬰幼兒時期向母親求助時，母親因某些因素無法回應，而因此感到無力、絕望與孤獨。之後，就漸漸學會壓抑自己的感受，為了求生而選擇獨自一人面對壓力。

這樣的結果會養成「即使求助也不會有人來幫我」的想法，長大成人後，面對困難時也不會依賴他人，會自行設法解決。

迴避型的人對他人沒有安全感與信賴感，經常處於警戒的狀態，也常處於精神緊繃的「求生模式」。

這類型的人戒心很強，因此老是會尋找別人的缺點，也會為了不依賴任何人而疏遠別人，逃離壓力，一個人找尋心靈的平靜。

□不安型

嬰幼兒時期，有時沒有得到父母回應自己的需求，有時被冷淡、敷衍對待，經常處於不穩定且不適當的應對方式中。因此壓抑內心的恐懼，戰戰兢兢，但內心又期待或許父母有一天會給予自己安心感，因此會用更加強烈的方式表達求助的訊息。

不安型的人內心有心結，覺得「就算向外求助，期待也會落空」，但又不斷對他人懷抱著期待，因此常會採取糾纏或發怒等激烈的應對方式。

不安型的人對他人也沒有安全感與信賴感，經常處於警戒的狀態，也常處於精神緊繃的「求生模式」。

對對方有強烈的要求與控制欲，希望對方「只看著我一個人」、「不要拋棄我」，內心的不安愈強烈，言行舉止就會愈激烈。

□混亂型

兼具迴避型與不安型兩者的要素。

接著，在開始思考迴避型、不安型與混亂型的人如何擺脫戀愛低體溫症的方法之前，下一章將先說明我們為何會一直無法記得這些嬰幼兒時期的經驗，以及人的一生是如何成形的。

—第4章—

重新審視
自己內心的人生劇本

被父母灌輸負面的形象時

戀愛低體溫症的人，除了戀愛之外，恐怕也經常在各方面覺得「活著很辛苦」。

若是嬰兒時期沒有得到母親以適當的方式照顧，之後也無法用適當的方法對待自己的小孩。

當母親自己也處於求生模式，無法體貼孩子的感受時，這種傾向會更加明顯。

在這種狀況下就會出現前言中提過的，長大成人後會有以下情形：

- **總是下意識察言觀色，因此無法說出真心話**
- **常常煩惱自己說出口的話是不是不得體**

・無法依賴別人，也不會與別人商量事情或撒嬌

對諸如此類的症狀感到相當煩惱。

除此之外，戀愛低體溫症的人還會處處配合處於求生模式、精神緊繃的母親，養成凡事小心，不讓母親不開心的習慣。

由於從小時候就把母親的心情看得比自己的感受更重要，因此長大成人後，還是會對他人小心翼翼，常常讓自己感到非常疲憊。

▲求生模式的父母會降低孩子的自我肯定度▼

處於求生模式中的父母，因為沒有多餘的心力，因此無法給予安心感和讚美孩子，也無法讓孩子感到喜悅與滿足。

不僅如此，還會老是看見孩子的缺點，出言責問孩子「為什麼不能做得更好」。另外，在前面的章節提過，這種父母對「勝負」非常堅持，經常把孩子拿來跟其他人比較，然後責怪孩子不夠好。

父母一直都是這種態度的話，孩子不管多努力都無法得到成就感，只覺得自己低人一等，自我肯定度也會降低。

每個孩子都希望父母開心，希望父母能認同自己。然而，明明自己努力做得很好，卻被父母潑冷水時，心中就會認為「我不管做什麼都做不好」。之後，當在開始新的挑戰時，腦中就會先浮現悲觀的想法，覺得「反正不會順利的」、「沒用的」而無法積極前進。

此外，處於求生模式中的父母，不僅要求孩子必須表現完美，贏過競爭對手，同時也會因為過度害怕失敗，而無法放手讓孩子面對挑戰。

當孩子正在努力挑戰時，父母就會說「你不要勉強了」、「反正你做不到」潑孩子冷水，誘導孩子選擇一條安全的路。

然而，若孩子一點也不努力時，父母又會開始擔心孩子這副模樣，將來不知該怎麼辦才好，而訓斥孩子「你真是沒用」。

如此一來，孩子完全不知道該如何是好。

像這種父母處於生存模式的情形，有很高的可能性會讓迴避型、不安型與混亂型的人，在之後的兒童期仍然遭受不適當的對應，造成內心產生負面的自我形象。

那麼，為什麼兒童期父母的應對方式，會在孩子長大成人後依然造成影響呢？

3歲時「生存程式」的基礎就已經成形

其實，人類在青春期結束前，就已經完成了**「為了生存的程式」**。

這個程式在還是胎兒時就開始持續製作。

到了3歲左右，會根據周遭大人的應對方式，建立出世界觀，判斷**「這個世界是安全的或是危險的」**。

如果母親的心情穩定，經常面帶微笑，以適當的方式回應孩子的需求，孩子就能夠感受到：

- **這個世界很安全、是很快樂的地方**

・**別人能接受真正的我**
・**我是有價值的**
・**我可以活著**

這些感受會成為生存程式的基礎。

在這種情況下，孩子不管身處何方，都可以感到安心、放鬆，在生活中感受到「**活著的喜悅**」。

相反地，若母親情緒不穩，經常生氣，不回應孩子的需求，孩子就會打從心底感到恐懼，因此感到：

・**這個世界很危險**
・**沒有人會接受真正的我**
・**不討母親歡心，母親就不會養育我**

·真正的我沒有活下去的價值

這些感受也會成為生存程式的基礎。

如此一來，孩子不論到哪裡都會心懷警戒，即使是在家跟家人相處，也會在無意識間心情緊張。經常感到壓力，覺得「活著很辛苦」，人生滿佈荊棘舉步維艱。

或許有些讀者看到這裡，會覺得「就因為小時候造成的這些負面基礎，我這一輩子都要過得這麼辛苦」而感到沮喪。

不過，事實上，在現代日本，幾乎沒有哪個孩子在3歲前從來不曾感到害怕。原因在於戰後日本的育兒方針，以父母的方便為優先多於關心孩子，當幼兒滿1歲會走路後，父母就會為了教養而經常訓斥孩子。

因此，每個人的生存程式基礎中，或多或少都有負面的心結。

負面心結的程度，會決定我們活得多辛苦。

3 歲為止建立起的世界觀，是我們人格的基礎，所以我們又可以說是「3 歲定終身」。

在這個基礎上建立的「生存程式」，由本能的「**銘印（imprinting）**」，以及主要與父母有關的「**無意識心結**」，以及「**幼兒期決斷**」組成。

這些將會成為我們的「**人生劇本**」。

青春期前，就已經被灌輸了無數「無意識的心結」

從出生後到6、7歲前，我們的所見所聞都會寫入潛意識中，每天不斷製作自己的「生存程式」。

我們會觀察身邊的大人，不論發生好事壞事，都會直接寫入潛意識中。

一般而言，**母親會成為我們心中「女性」的原型，父親會成為「男性」的原型，家人則會成為「團體」的原型。**

舉例來說，雙親彼此體貼，家庭生活安穩，孩子就會學到「爸爸媽媽總是體貼彼此」，生存程式內也會充滿「男女會彼此體貼」、「跟團體在一起很開心」、「歸屬於團體很愉快」等觀念。

相反地，看到雙親每天都大吵大鬧時，孩子因為無法分辨善惡好壞，只會記得「爸爸媽媽總是在吵架」。

接著，孩子的生存程式就會寫入「男女是彼此敵對的」、「跟團體一起相處很可怕」、「歸屬於團體很不愉快」等想法。

看到父親打母親，孩子的生存程式會寫入「男人會打女人」。

看到父親態度兇惡，母親唯唯諾諾，孩子會被灌輸「男人是有權威的」、「女人要忍耐服從」、「當女人很命苦」等。

這些資訊會直接進入潛意識中，成為**「無意識的心結」**。

如此一來，孩子長大成人後，即使心裡覺得「女人可以活躍在社會上，跟男人平起平坐」，但內心的潛意識卻有「女人要忍耐服從」的觀念，因此會在無意識間選擇忍耐服從過一生。

▲10歲後生存程式就可以改寫▼

青春期結束前，這種「無意識的心結」會慢慢寫入生存程式中。不過，過了10歲進入青春期後，我們就會先判斷這些訊息對自己是有利還是不利，再輸入程式中。

我們在青春期時，可以改寫幼兒期的心結。

舉例來說，孩子在幼兒期因為母親很可怕，而覺得「母親的心情比我的感受重要」，因此經常看母親的臉色扮演「好小孩」，當這個策略奏效，順利進入青春期後，孩子覺得「已經沒問題了」，就可以改寫生存程式，停止扮演「好小孩」，跟著自己的感覺走。

相反地，也有些孩子小時候會反抗父母，但在青春期遇到某件打擊後反而造成「一定要服從母親」的心結。

到青春期結束前，我們會依照這樣的方式逐漸完成我們的「生存程式」。

之後，我們就會按照這個程式生活。

也就是說，我們是**依照童年時被灌輸的無數「無意識的心結」度過每一天**。

回想小時候自己做過的決定

我們還會在年幼時因為「無意識的心結」而做出各種重要的決定，這稱為**「幼兒期決斷」**。

其中之一，是我們小時候會選擇一個身邊的大人，**複製他的生活方式**。我們從小就會選擇與決定要模仿誰，以及如何生存。

在地緣與血緣關係的群體還存在時，小孩子的身邊有許多大人，因此孩子可以選擇成為自己「想成為的大人」。

然而，逐漸演變為核心家庭之後，孩子多半都是複製父親或是母親的人生。

一般而言，孩子會模仿父母中同性別的那一方，女兒模仿母親，兒子模仿父親的生活方式。不過，也有些女孩會拒絕接受母親的生活方式，轉而模仿父親。或許有些男孩也會拒絕父親的生活方式，轉而模仿母親。

接著，孩子會打從心底希望得到模仿對象的「認同」。

這種**「渴望被認同」**的心情，有時我們能夠自己察覺，但通常是停留在無意識的階段，連本人也沒發現。

舉例來說，母親是專職主婦，專心負責家務與育兒。父親如果沒什麼存在感，或是母親常說父親的壞話，父親形象不佳的話，女兒就會複製母親的生活方式，選擇同樣成為家庭主婦。

接著，女兒會擁有成功的家庭生活與育兒，希望獲得母親的認同。

有些女兒會在無意識中決定比母親多生一個孩子，藉此超越母親。面對配偶時，也常會複製母親對父親的態度，輕視或看不起對方。

相反地，當女兒對母親的人格或生活方式抱持否定態度，轉而複製父親的生活方式時，就會活在工作中，可能一輩子單身，或是結婚後也專注於工作上。

另一方面，也常有孩子因為討厭父母的某些特質，而決定自己以後絕對不要像父母，因而選擇與父母不同的行動或思考方式。

不過，在這種情況下，自己有意識到「必須改變」的地方雖然改變了，但在沒有意識的部份，多半還是會直接複製父母。

因此我們從年幼時就會根據「無意識的心結」與「幼兒期決斷」製作出大致的「人生劇本」。

人生會按照自己寫的劇本進行

我們會按照青春期前的經驗製作出「生存程式」，也就是「人生劇本」，之後人生中經歷的一切都是按照它來進行。

這份人生劇本是由下列三項組成。

- **銘印**
- **無意識的心結**
- **幼兒期決斷**

「無意識的心結」會多次成為現實，不斷重演，「幼兒期決斷」決定的事情都會成真。沒有決定的部份，則會成為「銘印」，不斷重演和過去一樣的事。

不過，「銘印」、「無意識的心結」和「幼兒期決斷」，多半都無法自己察覺。我們會不斷重複「無意識下的某件事情」，但為什麼現實會如此演變的原因，自己卻很難察覺到。

不過，只要接受了這種**「不斷重演的法則」**之後，解讀現實的角度就會產生改變。

▲為什麼人會一直犯同樣的錯誤？▼

舉例來說，我的諮商個案中常有這樣的案例。小時候總是遭到父母不公平責罵的人，長大後在職場及各種場合，也常會惹人發怒，或是遭受不合理的責罵。

另一方面，小時候常被父母無視、放著不管，沒有常常被罵的人，長大後也會被身邊的人放著不管，也不太會被責備。

這是因為「我會遭到不合理的責罵」或是「我會被丟著不管」這些「無意識的心結」變成了現實。

還有一種常見的案例是，被支配型的父母養育，為了生存而選擇「服從支配」的孩子，長大結婚之後，多半也會服從有精神暴力傾向的丈夫或公婆。

相反地，強烈抗拒父母的支配行為，決定「再也不要受人支配」的孩子，長大成人之後就不會再受人支配，甚至有可能自己變成支配者。

在前來諮商的個案中，我有遇到一個這樣的案例。

這個個案女性抱怨丈夫老是站在青春期的女兒們那一邊，然後否定她做的事情，算是有些少見的煩惱。

她只是對青春期的女兒提出一些合理的要求，例如「晚歸時至少要傳個訊息聯絡一下」，丈夫就會馬上跳出來責怪妻子，罵她「怎麼可以跟孩子說這些話！」

仔細了解之後，發現這位女性小時候曾經遭受母親不合理的怒罵，因此非常痛苦，當時父親完全不聽她的說明，全面支持母親，和母親站在同一陣線責罵她。

也就是說，這位女性小時候打從心底希望能有一位「不跟母親同一國，而是跟女兒同一陣線的父親」。因此，她在無意識中決定「要和支持孩子多過支持妻子的人結婚」。

而這個決定也完美實現了。

然而，小時候的她並沒有預料到，當丈夫只站在女兒那邊，只有自己一個人被責怪時會是這麼痛苦。

▲不斷談婚外情的理由▼

有些人會不斷談婚外情，在我的諮商經驗中，原因分為兩種。

第一種是在無意識間害怕母親的否定，因此選擇不用介紹給父母認識的對象。

另一種是在兒童時期感受到自己遭受父親忽視，沒有把自己當成心裡的最愛，但這種悲傷的感受在壓抑後逐漸淡忘，並造成心理創傷，因此覺得「我所愛的人不會把我放在第一位」。

結果就是不斷愛上不把自己放在第一位的人，再次體驗當時的悲傷。

人生所有的經驗都會遵循自己「無意識的心結」，或是自己創作的人生劇本發展。

戀愛低體溫症的人，也是因為內心「無意識的心結」成為了現實，例如「不會有人來幫我」、「我會被討厭」、「我的期待會落空」、「我會被拋棄」等等。

這麼一說，或許有些人會覺得「那我的未來只能絕望了嗎？」

其實，這些「無意識的心結」與「幼兒期決斷」，只要察覺之後就可以改變。若是沒有察覺，一直處於無意識的狀態，一生都會被它玩弄於股掌之間。不過，一旦察覺並決定要改變，就可以修正寫好的人生劇本。

在本書的第５章會仔細說明修正的方法。

重新檢視與父親的關係

在人生中與異性有關係的決定，女性受到父親的影響，男性則是受到母親的影響，兩種影響都相當大。

畢竟，父親就是我們心中「男性」的原型，母親則是「女性」的原型。

有些女性只要待在男性身邊，就會容易因為一些小事引起過度反應，跟每個交往過的男性都有激烈爭執等，且不斷重演。這樣的案例，就必須懷疑錯不在對方，而是「自己內心可能有這樣的人生劇本」。

也就是說，或許這種情緒是源自於內心「對父親的感情」。

其實，有許多案例都是**將自己對父親的憤怒、恐懼，以及一直壓抑的不滿轉而發洩到男友身上**。

如果雙親感情不睦，每天都聽母親說父親的壞話，會使父親在自己心中的形象變得比實際上更差。

同時還會因此不斷地被灌輸「男人都很任性」、「男人老是給家人添麻煩」、「男人就是敵人」等觀念。

小時候，當被父親大聲怒吼，或被父親打時，感受到恐懼，就會被灌輸「男人很可怕」的觀念，長大成人後，一有男性接近，就會容易覺得不太舒服，或是焦躁不安。

雖然是因為心理創傷反應而浮現「恐懼感」的關係，但前面章節已經提過，我們有會試圖掩蓋的習慣，讓自己不去察覺到這種「恐懼」。

結果，有些人會因此下定決心討厭並疏遠男性。

不過，多半的女性都會模仿母親，因此最後會和像父親的男性結婚，然後也和母親一樣，對丈夫感到強烈不滿，過著成天埋怨丈夫的婚姻生活。

▲不知不覺間，總是選擇相同類型的原因▼

麻煩的是，父親對女兒而言是「父母中的異性」，同時也有點像是「初戀對象」，因此許多女性都會把父親的形象美化（當然也有例外的時候）。

在我的諮商課程中，有時也會有個案說「父親很溫柔，是我理想中的男性」。

但是，對交往中的男友卻非常不滿，或是不擅長與男性相處時，其實只是因為她們沒有察覺到小時候曾經因為父親而不得不忍耐，或是覺得恐懼。

即使在意識的表層覺得「父親很溫柔，很疼我」，但是仔細回想，就會想起父親真實的樣貌。當母親對自己惡言相向時，父親其實從來沒有挺身守護過自己，找父親商量時，父親也一直逃避，根本沒有認真聽，母親怎麼說父親就怎麼做，從父親身上根本感覺不到主體性和意志。

察覺這點之後，就會發現是這種情形造成了女兒對男性的「心結」，因此後來交往的男友，都是像父親一樣不可靠、沒有主體性，不負責任的類型。

相反地，我也常看到女性雖然非常厭惡粗暴的父親，卻不知為何總是與父親類似的男人交往，因此過得非常辛苦。

我也常聽到女性說明明很討厭濫用暴力的父親，但結婚後老公卻也同樣會家暴的案例。

這種情況，就是大腦明明覺得「討厭」，人生劇本卻寫著「男人就是粗暴」、「男人會對女人暴力相向」，因而成為現實。

反過來說，如果小時候從來沒看過男人打女人，人生當中就不會出現打女人的男人。

這是因為這個人的人生劇本中，根本就不會出現「使用暴力的男人」。

▲男性會美化母親的形象▼

男性也會將母親的形象投射在女友或妻子身上，不過，對男性而言，母親造成的心理創傷更為壓抑，一般都無法察覺。

在我的諮商經驗中，女性個案若有已婚兄弟的話，很多都會說「嫂嫂（或弟媳）很像我媽」。因為男性在無意識間會選擇像母親的女性作為伴侶的傾向。

已經習慣聽到囉唆的媽媽嘮叨時左耳進右耳出的男性，聽到多話的女友或妻子碎唸時，當然也會有聽沒有到。

男女的機制雖然相同，但男性美化母親的程度遠比女性美化父親要高出許多，因此許多男性都不太能接受他們現在對女友或妻子的不滿，其實就和以前他們對母親多方不斷忍耐的特質相同（當然也有例外的時候）。

▲父親缺席會引發的狀況▼

還有一個重點是，**父親在家裡代表著「社會」**。

因此，孩子若是和父親關係良好，有得到父親的保護，通常也會比較能順利無阻適應社會，但若沒有父親，或是父親完全不可靠，又或者令人害怕，屬於對家人有害的負面類型時，孩子就會對社會有強烈的不安，也容易感到壓力。

若是父親的存在感很低，或是小時候雙親離婚，父親不在身邊，母子之間的密切關係會一直延續，難以形成與第三人之間均衡的人際關係。

一對一的兩人關係，會讓孩子在對方身上投射母親的形象，或許也會因此造成過度渴求，過度親密，或是過度依賴，想獨占對方的情形。

尤其是不安型的人之中，有些人就是因為小時候和父親之間沒有建立能安心的關係。

在第 1 章、第 2 章，主要談論的是與母親的關係，但其實父親的影響也很大，希望各位讀者能記得，「缺席的父親」尤其會帶來不利的影響。

給正在製作人生劇本，尚未考慮結婚的年輕世代

現在正在閱讀本書，想好好享受戀愛的讀者，有一些可能是十多歲的年輕人。還在製作人生劇本的你，能夠先知道它的構造，真的超級幸運。

這麼說是因為，製作人生劇本時，你可以很容易改變自己的心結或選擇、決斷。

在我的客戶中，曾有人說自己「在小學 3 年級時改變了性格」。

有時會聽到一些客戶說自己低年級時原本個性比較陰沉，後來覺得再這樣下去不行，於是從 4 年級時開始轉變成開朗的性格。

小學生只要自己決定「去做一件事」，就可以馬上改變。

這是因為他們還在製作「生存程式」的緣故，無論有多少想改的地方，都可以

修正。

雖然我想本書的讀者中應該沒有小學生，不過，如果您還在青春期的話，就還能夠修正。或者是２０歲左右的讀者也還來得及。

如果討厭自己性格的某一部份的話，請不要煩惱「為什麼會這樣」，而是**下定決心「我要變成那樣」**。

請試著打從心底想像「我要改變成為這時候會採取這種行動的個性」，盡量具體一些。只要下定決心要改變，就一定會改變。

此外，關於將來也不要只是心想「如果能成為〇〇就好了」、「想當〇〇」，而是下定決心「我要成為〇〇」，夢想就會成真。

請一定要試試看。

另外，若你曾因父母愛擔心又充滿支配欲而感到煩惱，或是因父母無心的言行而受傷，請告訴自己「爸媽只是單純很不安而已」。

即使父母親說了很過份的話，也請不要當真。

那只是父母因為自身感到不安，產生了過度反應，才會說出自己也不明所以的話，不需要全盤接受他們話語中的字面意義。

在心理上和父母拉開距離，用冷靜的眼光客觀地觀察父母。

接著，按部就班進行自己需要的步驟。

請以策略性的方式找出一條通往獨立的道路，不要讓父母支配你的人生。

愛擔心又充滿支配欲的母親有許多不同的類型，應對方式也有所不同，詳細請參照我的另一本著作《媽媽，請放我自由》。

人生的劇本可以自己改變

我想絕大部分的讀者都在多年前就已經完成了「生存程式」和「人生劇本」。尤其是關於結婚，許多人都在小時候就因為「無意識的心結」或「幼兒期決斷」，而決定了自己的選擇。

不過，我們已經完全忘了當時自己是如何決定的，這才是最棘手的地方。反過來說，即使現在正為戀愛低體溫症所苦，但只要內心的劇本寫著「我要和什麼樣的人結婚」，有朝一日就一定會成真。

在我的諮商客戶中，大多數都是３０歲以上的女性。有些人已經結婚生子，有些則是已婚但不想要孩子，也有很多人還沒結婚。

在單身的人當中，有些人直接表明是因為小時候父母關係太差，對結婚只有負面的印象，因此完全沒有想要組織家庭的念頭。

另一方面，也有人的潛意識是「想結婚」，但找對象一直不順利，雖然一直都很努力，但至今還是單身。

兩者雖然在有自覺與無自覺間有所差異，但都有可能是在小時候就決定了「不結婚」。

舉例來說，我的諮商個案中有這樣的案例。

逃避結婚、生子的女性

我很早就放棄結婚生了這些事，第一次決定「我不要生小孩，也不要結婚」，應該是我在讀小學的時候。

每當我承受不住，覺得活得好痛苦時，就會在內心大叫「這種痛苦就到我為止吧」。

這麼一來，心情就會比較輕鬆一點。

除此之外，我也會想「我這麼痛苦，萬一我的孩子也這麼苦……如果是我造成他的痛苦，那也太難過了，我根本就活不下去！」

能讓我從這個心結解脫的方法，就是「我不要生小孩，也不要結婚」。

也就是說，「我不要生小孩，也不要結婚，所以我可以活下去！」我的內心似乎就是這麼想的。

當我察覺這件事時，才終於了解，原來我這麼堅決拒絕結婚生子，是為了繼續活下去。

我心裡覺得，其實結不結婚都好。

不過，當我一發現異性對我有好感，我就會故意做出討厭的言行，但我討厭這樣的自己，希望這種行為模式不要再繼續發生。

我想我終於找到了解決問題的線索。

這位個案屬於迴避型，後來發現自己曾經在小學時就決定不要結婚生子。

如果一直沒有察覺自己的幼兒期決斷與人生劇本的話，就會一直重複「一發現異性對我有好感，就會故意做出討人厭的言行，但我討厭這樣的自己」，這樣的狀況將不斷的反覆上演。

只有注意到自己內心的決定，才能從過去的行為模式中解脫。

甚至可以進一步改變人生劇本，改成「我要結婚，過這樣的生活」。

本章之所以說明幼兒期決斷與人生劇本，正是因為當我們**察覺它，並且「意識」到它之後，就可以改變自己原本決定好的人生劇本**。

首先，請各位先想想，現在自己的現狀，或許正好符合你自己決定的人生劇本。

當腦袋裡所想的事情和內心下定的決心有落差時，人會覺得現實並非出自己願，因而感到煩惱不已。

不過事實上，現實是跟內心下定的決心一樣，即使腦袋喊著「我討厭這樣！」

但內心卻是感到滿足的。

若我們一直都沒有察覺內心決定好的事，就會一直為腦袋跟內心的落差所苦。我們要先能夠意識到「這是小時候自己下的決定所致」，才有可能改變這項決定。

▲藉由相遇也可以改寫人生劇本▼

接下來介紹的案例是一位在有自覺的狀況下決定不結婚生子，但在遇見現在的丈夫後，就自然步入婚姻的女性。

其實，她的情形就是遇見現在的丈夫後，發現**「這個人是我的同伴」**，因此將內心的人生劇本改寫成「我們和爸媽不一樣，可以建立和平穩定的關係。如果對象是他，我願意結婚」。

就這樣，從原本「不可以結婚」變成了「結婚也沒問題」。

此外，也有一些人是在逼於無奈之下改寫了人生劇本。

當女性遇到一位能當「同伴」的男性

我從小就遭受母親身體與精神上的虐待，被放棄照顧，而且父母夫妻關係也很差，我對結婚完全沒有懷抱任何希望或夢想。

所以，我在成長過程中就決定「我絕對不結婚」、「既然不結婚的話，根本沒必要交男友」，還有「我絕對不當媽媽」。

我當時的心境是「我將來也許會成為跟我媽一樣的母親，因為我們流著一樣的血，我又不知道『一般的母親』是什麼樣子，所以我很有可能會變得跟她一樣。要是變得跟我媽一樣，我還不如死了算了」。

「連父母都不愛我了，誰還會真的喜歡我。不管男女老少，這世上沒有我能相信的人」。

我會刻意擠出笑臉或其他表情，只要表面上跟別人好好相處，笑臉迎人，就可以輕鬆迴避很多問題，所以我會注意周遭的氣氛、表情與情緒，再採取行動。

也曾經有些異性對我有好感，但我內心只覺得「戀愛好噁心。喜歡他的女生一定會憎恨我，別害我惹上麻煩，真困擾」，然後用圓滑的方式閃避對方。

漸漸地，我開始喜歡上絕對不會對我有男女之情的對象，提早布局避免陷入戀愛，用這種方式過日子。

在我獲得公司錄用，終於看到能夠遠離父母的希望曙光時，我遇見了現在的丈夫。

他和過去我遇到的任何人都不一樣，有點格格不入，有些地方與我相通。不知為何讓我覺得「終於找到了！」

相識兩週後，我們就開始交往，在出社會第三年，我結婚了。

我明明早就決定「絕對不結婚」，當時的我對戀愛與結婚都只感到厭惡，但我跟丈夫在一起時卻完全沒有感覺到，真的很不可思議。

結婚後我才知道，我丈夫小時候也曾被父母虐待，但他屬於沒有發現自己受虐的類型。

我跟丈夫不只是興趣與價值觀相近，連成長過程也相似。

這是我有生以來第一次擁有平和安穩的人生，並且體會到幸福的生活。

我們雖然結婚了，但未來我們打算就只有夫妻兩個人，然後跟我們最愛的狗狗一起生活。

如果生了孩子，就會成為讓父母產生執念的原因，不論是我們還是孩子都無法幸福。而且，直到現在我還是對繼承父母的血液感到非常厭惡。

我找到了同伴，所以克服了結婚的障礙。

不過，現在我還是覺得如果不是遇到我丈夫的話，我根本不會結婚，也不會有任何一點結婚的念頭。

我和丈夫既是夫妻，也是同伴，是好友，也是戰友。

所以我想，現在還在飽受痛苦的單身男女，在某個地方也會有同伴。

看到這裡，有些讀者或許會驚訝「父母的影響竟然這麼大」，甚至開始感到憤怒：「原來我這麼辛苦，都是父母害的！」

這也是很自然的反應。

尤其是沒什麼反抗期的人，對父母壓抑的情緒從來沒有發洩過，一直累積至今。或許現在也可以試著向父母大聲說出自己的想法，來一次「遲來的反抗期」也不錯。

這是因為，**所有問題的真正原因，都是在於「壓抑的情緒」**。壓抑的負面情緒能量，會造成心理創傷，在人生路上不斷扯著我們的後腿。

並非所有問題都是父母的錯

在這裡，我想要多說一句：不管是什麼樣的父母，做出這些事的時候其實都沒有惡意。相信父母也是盡自己最大的努力在養育子女，設法求生存。

不過，他們或許因為無法控制自己的情緒，而對親生孩子說過傷人的話，或是凶狠地打罵過孩子。有可能是出自好意而嚴厲對待、置之不理，或是因為太過擔心而對孩子嚴加管教，甚至出手干涉。

父母之所以會這麼做，其實也是受到童年的影響，原因在於二次世界大戰後育兒方法的流行與衰退（「後記」中會提到戰後的育兒方式）。

我並不是要替父母說話，不過，父母們小時候一定也是經常忍耐壓抑。

情緒問題到了最後，**沒有加害者，也沒有被害者**。父母其實與這個問題無關，真正的問題在於「自己一直壓抑的感情」。

只要開口說出來，發洩出自己內心累積的所有負面情緒，就可以**解決一切的煩惱與不盡人意的現實**。

下一章，將會具體說明這種「壓抑的感情」。

進入第 5 章後，我將會提出幫助各位解決問題的建議，探討戀愛低體溫症的人該如何克服內心的不安，與伴侶穩定交往，以及如何進一步放心踏入婚姻。

— 第5章 —

在開始一段幸福的戀愛前，應該要知道的事

為什麼會跟非喜好類型的人結婚

本章將告訴各位戀愛低體溫症的人該怎麼做才能找到可以安心相處的伴侶，建立穩定的關係。

不過，我想先提醒各位一件事：**戀愛與結婚是不一樣的**。

現代相親、聯誼等活動盛行，許多人一開始就是以結婚為考量找對象，但也有很多年輕人認為「戀愛的終點是結婚」，也就是認為「結婚是在戀愛的延長線上」。

然而，實際上戀愛與結婚完全是兩回事。

和初戀對象結婚的人很難看出這種傾向，不過，談過幾次戀愛再結婚的女性當中，有許多人最後的結婚對象和過去交往過的男性是完全不同的類型。

最適合戀愛的對象，和最適合結婚的對象，其實完全不一樣。

因此，戀愛時明明過得非常充實，婚後生活卻差強人意，或是相反地戀愛時普普通通，硬著頭皮結婚後卻意外過得不錯，這些都是很正常的情形。

▲如何避免戀愛中緊張不安帶來的痛苦▼

戀愛有許多不確定因素，例如不知道對方對自己到底是什麼感覺等等，能夠感受到不安、緊張與歡喜，是一種非日常且充滿刺激的事情。

所以，當外遇或遭遇其他逆境時，身邊的人愈是反對，刺激就愈強烈，愛火也會跟著熊熊燃燒。

另一方面，結婚充滿許多確定因素，**令人感到安全與安心，是平穩的日常生活**。

婚姻生活很少刺激，容易公式化，但正是因為穩定，才能夠花時間培養夫妻之間的牽絆與愛情，以及養育子女。

當然，現實中也有一些人的婚姻生活一點都不平穩，我並不是要否定這些婚姻。不過，基本上結婚代表安定下來，通常都是以穩定為目標。

戀愛低體溫症的人，原本對人際關係就有強烈的不安，所以戀愛伴隨的不安與緊張會造成刺激，很容易因此感到痛苦。

所以，戀愛低體溫症的人常會因為太痛苦而無法持續長時間的戀愛，但是**不需要因此感到沮喪，認為自己「連談戀愛都不順利，怎麼可能結婚」**。

強烈不安的迴避型、不安型與混亂型，若能一開始就選擇不確定因素較少且穩定的人際關係，就比較能安心並感受到幸福。

因此，找對象時與其以戀愛為目的，不如以結婚為目標。

戀愛低體溫症的人，原本不安與緊張的情緒就比較強，太多的刺激與壓力，會造成身心的負擔。因此，建議不如避開過於刺激的戀愛，尋求能讓自己感到安心、安全的關係。

尤其是已經覺得「不想再痛苦，不想再戀愛」的讀者，希望各位以建立安心、安全的關係為目標。

▲給就是想要臉紅心跳刺激戀愛的人▼

不過，應該有些讀者年紀還輕，還沒考慮結婚，想試著先喜歡上別人，談場刺激的戀愛。

對這些年輕族群，我也有一些建議。

首先，「雖然是戀愛低體溫症，但是想試著喜歡別人」，這種狀況就是前面章節提到的**「大腦的想法與內心的想法有落差」**的狀態。

大腦之所以會想著「想要喜歡別人」，或許是因為想跟一般人一樣談戀愛，覺得跟某人成為情侶後應該會很開心。

但是，你的內心卻寫著「我害怕受傷害，所以沒有辦法喜歡上別人」。因此，這種想法會成為現實。

如果**想改變現實，就必須改變你的內心**。

如果真心想喜歡上別人，就必須在內心下定決心「喜歡上別人，試著體會痛苦看看吧」。

這是因為，**喜歡上別人其實是很痛苦的事**。

不管多喜歡對方，兩人都是不一樣的人格，因此我們永遠不懂對方在想什麼。即使是兩情相悅，也一定有冷有熱，而且對將來的想法也不同。就算想和對方合而為一也無法如願。

我覺得這種想合而為一卻無法實現的悲切，就代表是真心喜歡上一個人。

當然，戀愛中也有彼此心意相通，開心得飛起來的瞬間。不過，也一定會有爭吵或嫉妒。這種高低起伏充滿刺激的過程，正是戀愛的魅力所在。

▲選擇適合自己的戀愛方式▼

歐洲貴族與日本過去的武士家庭，兒女到 15 歲左右就會和家長決定的對象結婚，在這樣的社會中，所謂的戀愛是在結婚後才開始的。

我覺得談不談戀愛是個人自由。有些人決定體驗戀愛，也有人選擇不戀愛，就只是這樣而已。一切都是我們自己的選擇。

所以，如果你的內心已經決定豁出去體驗痛苦的話，請一定要試著實踐。

一旦決定「就算會傷心難過，我也要喜歡上別人」，這個決定有一天一定會實現。不論結果如何，這段體驗本身就是一種珍貴的人生學習經驗。

不過，我們不需要勉強自己。因為討厭痛苦而決定尋找安全的伴侶，這也是一種不錯的選擇。每個人都有適合與不適合的差異。

不過，人是無法獨自生存的。當找到一個能夠敞開心扉，安心相處的對象，將會是人生的一大助力。

雖然這個人不一定要是戀愛的對象，但如果各位讀者已經和一位能夠安心相處的異性在交往，即使沒有令人臉紅心跳的刺激感，然而看在別人眼中，你們看起來就是在戀愛。而實際上，如果你喜歡對方的話，這也真的就是戀愛。

尋找安全的伴侶，可以幫助你建立一段穩定的戀愛關係。

尋找一個能成為「安全基地」的對象，就能得到真正的幸福

在這裡，我將令人感到安心、安全感的人際關係稱為「**安全基地**」。

戀愛低體溫症的人，與其貿然以戀愛高溫體質為目標，不如用心建立安全基地。

這是因為在安全基地裡生活，可以讓冷感恢復到正常溫度，減輕不安，情緒也會冷靜下來。

接下來，要介紹原本是迴避型與不安型，後來漸漸改善，婚後生活也非常順利的案例。

在前面第 4 章最後介紹的迴避型，是和現在的丈夫相遇後人生就此改變的案例。

接下來是第 1 章最後介紹的混亂型案例「明明不討厭對方卻選擇分手的女性」的後續發展。

結婚後開始能肯定自己的女性

我是在遇到能夠肯定真正的我的丈夫後，才開始學會肯定自己。我對丈夫話語的解讀方式也漸漸改變了。之前，我只會解讀成貶低自己。慢慢地，我開始能從中感受到「我是被愛的」。

太棒了！這位女性遇到了能夠安心的對象，因而慢慢改變，建立了和過去不同的人際關係。

幼兒期因為父母的影響被灌輸「和別人接觸很危險」的觀念，養成了她的警戒心，在戒備漸漸放鬆之後，待在別人身旁一樣能覺得安心自在。

在我的諮商客戶中，有不少人都深深覺得自己是「被丈夫拯救了」。

能遇見讓自己安心，又能理解自己的對象，真的是非常難得可貴，令人心懷感謝。

接下來要看的是不安型的案例。

遇見能理解自己的男性後逐漸平靜下來的女性

去年我開始離開母親生活之後，遇見了一個很好的對象，後來我們開始交往，一開始時，我還是會動不動就開始不安，也曾經因為不安而歇斯底里地對他發洩情緒。

後來，我慢慢平靜下來了。

每當我情緒化的時候，他總是會冷靜的聽我說話，然後再告訴我「妳想太多了」。

這種情況一再重演後，我開始覺得「咦？是不是我想太多了」，然後漸漸變得不再情緒化。

如果不是他，我想我一定無法建立這麼平穩的關係。

另外，我和介紹我們兩人認識的人，還有他的家人都有很密切的來往，我想我也是因為這樣才能平靜下來。

我真的不知道讓我改變的關鍵是什麼。

我覺得現在的自己非常幸運，甚至到了有點令人害怕的程度。

覺得自己「幸運到令人害怕」，這真的很令人羨慕！

這位女性因為對方耐心聽她說話，又告訴她「是妳想太多了」，重複多次後，本人也就接受自己「就是想太多了」。

她也開始察覺到，過去自己是因為不安而一個人在演獨角戲。

▲與人相處時感到安心的祕訣▼

以上的幾個案例，都是在和她們覺得「他能接受我」的對象交往之後，漸漸能夠感到安心、冷靜下來。

究竟這種「他能夠接受真正的我」的感覺，是什麼樣的感受呢？

舉例來說，家中有養狗或貓的人，在抱起愛犬、愛貓時，會覺得牠們好可愛，而且彼此也都能用自己本來的面貌輕鬆相處。

在跟牠們相處時不會特別在意「這種摸法可能不太好？」「牠是不是有點不安？」等等小事（或許有些人會在意也說不定）。

就如同這樣，兩個人在一起時可以放空發呆的感覺，不需要在意小事，不用追問細節，也不用擔心，能夠感受舒適與溫暖，發自內心說出**「啊～好輕鬆喔」**，讓身心都放鬆，表露出自己最自然的模樣。我認為這就是對方接受我們，我們也能夠安心的狀態。

對方能夠接受真正的你，相處起來輕鬆又安心，對戀愛低體溫症的人來說，這就是必要的「安全基地」。

在第６章，我將會說明什麼樣的男性能成為安全基地。接下來，本章將先介紹找到安全基地前，我們自己能做到哪些事情。

察覺自己內心的「無意識心結」

前面的章節說過，我們在人生中會受到無數「無意識的心結」所束縛。

戀愛低體溫症的人會在無意識中有這些想法：

- **無法相信任何人**
- **不會有人了解我**
- **不會有人來幫我**
- **我的期待會落空**
- **我會惹人厭**

・別人不會重視我

這些負面的「情結」，是由於母親的不當對待產生的，但**絕對不是事實**。我們只不過是在小時候「產生了這種想法」而已。

這種「銘印」是動物求生的本能。從雞蛋裡孵出來的小雞會把第一個看到的動物當成父母，而一路追在後面，也是同樣的道理。

人類的小孩在成長期間，除了親生父母之外，身邊原本也會有許多地緣血緣關係的大人。孩子小時候如果接觸到很多成年人，恰好可以平衡「銘印」的影響。

然而，當社會轉變成核心家族後，親生父母的影響力就變得非常大。

當父母因為各種因素，無法有耐心地面對孩子，或是人格上有所偏差時，造成的「銘印」也就會產生偏差。

▲注意思考時的壞習慣▼

再加上現代人思考偏重於大腦思考，**總以為用腦袋思考的事情應該都是正確、妥當的**。

事實上，思考其實是相當隨便的一件事，可以「製造」出非常多方便又好用的解釋。

「我很討人厭」、「別人不會重視我」這些想法，乍看之下一點也不像是「方便又好用的解釋」。

然而，我們現代人為了不讓自己感受到害怕、悲傷等真正的情緒，養成了「用思考來逃避」的習慣。會藉由「都是我不好」等的**思考做結論，來讓自己接受現實**。

明明很害怕被對方拋棄，卻因為不想感受這種恐懼，所以找藉口告訴自己「他之所以會離開，是因為我就是惹人厭」，然後希望大腦接受這件事。

事實上，「我就是惹人厭」這種鑽牛角尖的想法根本沒有意義，但我們的思考會利用這個心結，企圖在痛苦的現實中達成妥協。

因此，因為諸事不順而感到痛苦時，請**試著列出思考時的壞習慣**，看看自己平時是怎麼想事情的。

我們必須注意，這些既不是真實也不是事實，只不過是「心結」而已。

接著，讓我們一起回顧童年，針對每個心結找出**「銘印點」**，了解自己為什麼會有這樣的想法。

▲你的「心結」是什麼？▼

若你常常覺得「反正我一定會惹人厭」，因而沮喪消極，做出違反常理的行為，請先試著想想「為什麼我會有這種想法？」

也許小時候，母親曾說過「媽媽最討厭不聽話的小孩！」即使父母只是想嚇嚇孩子而已，小孩卻會當真。

若你常常覺得「我無法相信任何人」，經常感到絕望，請好好想一想自己為什麼會有這種想法。

或許小時候，父母曾經多次不遵守約定，讓你非常失望，或是父母經常對你說「別人都不值得信任」。

若你常常感到悲觀，覺得「我的願望都不會實現」，請試著找出產生這種想法的原因。

或許是小時候想跟媽媽一起玩時，媽媽告訴你「等我忙完」、「等我做完那件事」，讓你因此苦苦等待，結果卻從來沒有陪你玩過。

也或許是每次當你說出「我想這樣做」時，都被愛操心的媽媽一口否定，因而悲傷難過。

如果你總覺得「都是我的錯」，可能是因為小時候母親生氣時，曾經指責你是「壞小孩」而造成的震驚與恐懼所導致。

對孩子而言，父母是全世界最可靠的人，當父母不了解孩子的心情，或是沒有好好對待孩子，孩子就會信以為真，之後就會習以為常，認為「不會有任何人了解我」、「也不會有人好好重視我」。

追根究柢，不論是什麼樣的心結，都有造成「銘印」的關鍵時刻。即使無法回想起具體的理由，也一定有它的原因。

▲解開自己的謎團▼

我把這種「尋找原因」的過程稱為是在「**解謎**」。

在我的諮商經驗中，沒有解不開的謎題。不論是恐慌發作，或是無數次檢查自己有沒有關爐火的強迫症，一定都有它的原因，且幾乎都可以解開謎團。

謎團的真相，多半都是小時候曾經感受到強烈的恐懼，又獨自忍耐壓抑，這種創傷就是真正的原因，也是造成銘印的關鍵時刻。

這種關鍵時刻，其實有不少人都已經忘得一乾二淨。

這是因為我們為了生存，會壓抑自己的記憶，避免想起痛苦的經驗，因此才會把這些事忘得乾乾淨淨。

不過，即使意識表層已經遺忘，潛意識中卻記錄了所有的經驗。

我在和諮商個案一起解謎時，經常有個案突然間想起過去早就遺忘的記憶，往事一一浮現，歷歷在目。

請好好說服自己，過去和異性交往之所以不順利，是因為小時候的「心結」在作祟，令你陷入不安，疑神疑鬼，甚至做出不合理的行為，破壞了彼此的關係。這一切其實都只是自己一人上演的獨角戲而已。

今後，當你再度產生「反正我一定會被討厭」的念頭時，請告訴自己**「啊，我**

的壞習慣又發作了」。

接著，請試著懷疑「這只不過是我的心結」、「也許事實根本不是這樣」。其實「我沒有被討厭」、「說不定是喜歡我」。

不再計較小事的訣竅

為了察覺過去被灌輸的「心結」，重新告訴自己「說不定根本不是這回事」，必須要先舒緩身心的緊張。

戀愛低體溫症的人，只要和別人一親近，就會感到不安，覺得「或許又會受傷」，因而身心緊張，進入「求生模式」。

處於這種狀態時，**不安會壓過其他感受，因此很難對心結產生質疑**。

當面臨「戰鬥或逃走」的情勢時，血液會集中到肌肉，以便作戰或脫逃。因此，血液就不會流往大腦（尤其是前額皮質），我們就無法發揮同理心，也無法冷靜判斷眼前的事物是否適當。當理性無法運作時，就會做出連自己也搞不清楚，莫名其妙的不合理行為。

當你深陷不安，很想責備對方或是拋棄一切逃走時，請告訴自己「**我一定要擺脫求生模式！**」

▲緩解緊張的練習課▼

想掙脫求生模式，必須讓自律神經（也就是身體）發揮作用。這是因為大腦再怎麼想，思路還是會卡在求生模式，所以是沒有意義的。

在求生模式下，身心都會因為緊張而繃緊神經，因此必須告訴身體「現在你是安全的，就算不戰鬥、不逃走也沒有關係」。

我們必須從身體開始改變，這也可以說是一種**體質改善**。就像是在減肥或復健一樣，意志力與毅力是必須的。

接著，我要向各位介紹幾種能夠促使自律神經調節，幫助我們脫離求生模式的方法。

裡面每一種方法都非常簡單，請從容易完成的方法開始實踐，逐漸養成習慣。養成習慣並持續幾個月後，一定會產生效果。

1 有意識地深呼吸

請慢慢吸入大約是平常 4 倍多的空氣，讓肺部充滿空氣，接著再長時間的吐氣。

深而慢的吸氣，會讓橫隔膜下降，肺部擴張，進而推擠內臟，肚子也會向前凸出。

這種胸部擴張，肚子凸出的動作，其實是哺乳類原本的呼吸方法。

只要深呼吸，身體就會收到「現在很安全」的訊息，自律神經也會因此鎮定下來。

接著，把注意力集中在呼吸的聲音，讓意識回到「當下」，這樣可以幫助找回自我，腦袋也會冷靜下來。

深呼吸可以讓氧氣到達身體末梢，當我們注意自己的身體時，也會比較能夠注意到身體的感受（情緒）。有意識地深呼吸具有許多功效，請一定要養成習慣。

② 注意力集中在五感，讓意識回到「當下」

請閉上眼睛，把注意力放在耳朵，注意現在聽見的聲音，請豎起耳朵傾聽10秒鐘。

感覺如何？專心傾聽進入耳朵的聲音時，是不是什麼煩惱也沒有了呢？

將注意力集中在聽覺、視覺、觸覺、味覺或嗅覺的其中一項，都可以讓意識回到「當下」。

我們經常放不下過去，或是對未來感到焦躁不安，因此沒有把注意力放在「當下」。

當注意力回到「當下」，我們就會注意到「現在」是安心又安全的，一點問題也沒有，身心也會因此稍微放鬆。

人的注意力只能向外發揮，或是向內凝聚，兩者無法同時並行。因此透過五感將注意力向外發揮時，就不會自尋煩惱。

3 慢慢轉頭看看四周

請慢慢轉頭，仔細看看四周。只要慢慢轉頭看旁邊，就能向神經系統傳達訊息，告訴自己「現在沒有敵人，我很安全」。

心情也會因此稍微冷靜下來。

類似的小動作還有握住再張開雙手，慢慢比出石頭和布；以及看著鏡子刻意做出奇怪的表情或做鬼臉，這些活動都可以讓副交感神經活躍，進而緩解緊張。

4 把手放在腎臟上

據說人的恐懼會積存在腎臟。把手放在腎臟上，可以緩解不安。

雙手插腰時，位於腰背上的拇指附近就是腎臟（雙手自然下垂時，左右兩顆腎臟約位於背部與手肘同高的位置）。請把手心貼在腎臟上，用體溫熱敷它，這樣可以幫助身心放鬆。

5 把手放在額頭上

把手放在額頭上，可以讓血液集中在大腦的眼窩額葉皮質，促進它活化。據說額頭附近的眼窩額葉皮質血液不足時，會讓人無法體貼別人，也無法適當地顧慮他人、發揮同理心，因而無法控制衝動的怒氣或攻擊性行為。

將手放在額頭上，可以有效預防因為不安而做出衝動性的言行，幫助我們冷靜下來，採取合宜的態度。

6 唱歌、大笑、說話

唱歌會讓我們對他人產生感情。喜歡唱歌的人，請一定要常常開口唱出來。不擅長唱歌的人，也請試著找機會試試看。

歡笑或說話聊天可以讓人放鬆心情，具有穩定身心的效果。

其他還有按摩、漱口、用冷水潑身體和臉，也都是有效的方法。此外，也建議讀者應確實攝取蛋白質，並多做瑜伽或舞蹈等活動身體。在網路上自行查詢幫助自律神經規律運作，緩解緊張的方法，應該也會有許多收穫。

請從以上的方法中，挑幾種容易做到的小訣竅，每天進行吧。

與男友見面之前，請務必先做以上任一種動作。當兩人在一起時，若是感到不安，或覺得不對勁時，也一樣可以試著做做看。藉由這種方式，在日常生活中養成習慣。

▲讓身體覺得「安心」非常重要▼

判斷自己是否已經從求生模式中掙脫的評估標準之一，是「感覺行動時不會覺得焦躁」。

請務必持續進行上述的方法，直到自己親身明顯感覺到「以前這時我都會失去理性做出奇怪的言行，但現在已經可以很冷靜了」。

請時時注意自己是否可以不受不安與焦躁的影響，能夠以冷靜沉著的狀態面對一切。此外，還要提醒自己多多嘗試練習。

・迴避型的人必須練習和別人在一起也能安心、平靜，並累積成功經驗

‧不安型的人必須練習一個人獨處時也能安心、平靜，並累積成功經驗

具體的實踐方法是，迴避型的人跟別人在一起時必須多觀察自己身體的變化。發現自己因不安而緊張時，請設法緩解情緒，脫離求生模式，接著慢慢讓自己緊繃的神經舒緩鎮定，讓整個人冷靜下來。

建議迴避型的人試著多跟身體對話，告訴自己「我跟這個人在一起沒問題，很安全」。請發揮毅力，持續努力，直到跟別人相處時身體能感到安心。

訣竅在於，不要想東想西，持續將注意力集中在身體的感覺上。請經常確認自己的身體現在處於什麼狀態。

不安型的人，請試著在獨處時做這件事。當感到不安，或產生負面想法時，請多練習深呼吸，讓意識回到「當下」，放鬆神經，擺脫求生模式。

不論是迴避型或是不安型，只要每天實行，養成習慣，效果就會愈來愈好。

你的心裡住著一個「害怕受傷的小孩」

我們每個人都會將過去的經驗當成一種「模式」，套用在現實中，以便預測將會發生的事。過去如果發生令人害怕的事情，為了避免發生第二次，就會在無意識中加以迴避。

當這一切都在無意識下進行時，會讓我們總是搞砸事情，事後又非常後悔「為什麼當時我會這麼做？」不過，只要當我們察覺到自己的行為模式後，時時注意它，就可以改變自己的行動。

這時，**「體感」**可以當成一種線索。

舉例來說，跟別人愈親近，就愈想疏遠對方的行為模式，簡單說明就是在彼此愈來愈親密，自己開始覺得可以放心依靠對方、向對方撒嬌，而對方似乎也能接受，開始產生眷戀，覺得「想再靠近一點」的時候，心裡就會突然警鐘大作：

「再繼續靠近，我一定會被丟下，會受傷！」

接著就會在無意識間說出傷人的話，故意做出惹人厭的行為疏遠對方，藉此保護自己。

因為害怕而大叫「我一定會被丟下，會受傷！」的，是妳心裡的小孩。這個小孩，就是幾十年前被父母拋下不管，因此很受傷的**「小時候的妳」**。請試著告訴這個小孩：

「這個人不是爸爸媽媽，所以沒問題。他不會丟下妳，也不會傷害妳。」

如果這個小孩能夠放心接受這件事，就能夠改變過去的行為模式。

▲接受過去的自己▼

不過，小孩常常無法接受我們的說明。

小孩內心非常害怕，因此很謹慎，又頑固。光說一句「沒問題」，很難解開她的戒心。

這種情況下，請好好接收小孩開始發出警報時的「體感」。

當自己想說出疏遠對方的話時，請先注意到這件事，接著阻止自己，並回想當時身體有什麼反應。

身體可能會有各種不同的感覺，例如煩悶不安，喉嚨緊縮，背部僵直，或是胸口沉重等等。

請想像一下，小孩就住在身體產生反應的部位。

換句話說，我們小時候受的傷所造成的心理創傷，就在這裡。

請察覺它的存在，注意到那裡有一個小孩。

小孩大概幾歲呢？

渴求父母的愛，卻被忽略、被推開時，小孩是什麼樣的心情？

把意識集中到身體，想像小孩的心情，一起感受她的情緒。**那就是小時候的妳一個人獨自壓抑的感情。**

想像小孩的心情，一起體會「原來我當時這麼難過」、「那時一定覺得很害怕吧」之後，妳一定會覺得小時候的自己非常惹人憐愛，想緊緊抱住她。

當妳能夠打從心底感同身受，小孩也會感到安心，覺得「終於有人了解我了」。**一直以來都被忽略，孤獨一人的小孩，當被大人的妳了解、關心後，就可以治癒她的傷口。**

接著，當能感受到原本的感情，心理創傷的能量就會一點一點釋放，慢慢減少。

當小孩的傷口治癒，心理創傷也好轉之後，就不用再疏遠對方了。

今後，妳就可以打從心底告訴自己：

「這個人跟媽媽不一樣，就算接近他，他也不會傷害我，我可以放心。」

實際上，對方也一定會好好珍惜妳。

發現心裡的小孩，治好她的傷口，就能減少負面的心結，改寫妳的人生劇本。

▲無法對小孩產生共鳴時▼

當我們讓自己不去感覺情緒，「感情麻木」太過強烈，內心的蓋子蓋得太緊時，或許很難和心中內在的小孩產生共鳴。

前面介紹過的「緩解緊張的練習課」，可以幫助各位先解決「感情麻木」。

我們之所以感覺不到自己的情緒，原因在於身心處於緊急戒備狀態，非常緊張，因此必須先緩解緊張才行。

當我們感覺到情緒時，身體的某個部份一定會有反應。

請注意這種感覺。練習去感受它，就能察覺到自己的情緒，因為**情緒原本就是**

一種**身體性的感受**。

不過，有些狀況仍需要注意。

一般而言，小孩的恐懼感愈強烈，我們就會愈緊張，感情麻木也就愈嚴重。當強烈的心理創傷造成的恐懼突破心牆瞬間湧現，可能會引發心理恐慌。

當感覺到長年壓抑的感情時，也有可能會產生整個人被情緒佔據，造成身心狀態不穩定的風險。

因此，和內心的小孩面對面，釋放情緒時，請務必尋求專家的協助。

從來沒有人教過我們怎麼面對情緒，也不習慣處理情緒。因此，請一定要以慎重的態度訂定計畫。

其實，想改寫已經制定好的人生劇本，並沒有那麼容易。畢竟，現在我們能活著，就代表這份人生劇本是有效的。

身體會覺得「現在這樣就好」，而抗拒改變，和節食減肥之後會復胖是類似的道理。因此，改寫人生劇本需要有下定決心「改變」的意志力，以及與真正的情緒面對面的勇氣，還有改變體質需要的毅力。

雖然是相當艱辛的大工程，但若真的下定決心「改變自己」的話，就一定會成功。因為人的意志力比這些困難更強大。

一般而言，改變自己不會一鼓作氣就改頭換面，而是慢慢循序漸進。

請在專家的協助下，秉持著耐心與毅力慢慢嘗試。

從父母的束縛中解脫

「沒有人會喜歡我」、「像我這種人，這輩子都只能一個人」、「男人都不可靠」、「無法相信任何人」這種負面的自我形象與心結，會拖住我們的後腳。它們幾乎都是**小時候父母對我們下的束縛，也是我們人生的腳鐐**。

如果各位也有這種負面的心結，請把自己想得到的內容全部寫在紙上。

這些想法都不是真實也不是事實。

這些只不過是我們產生的心結而已，沒有任何意義，也沒有必要。因此，請一一改寫成：

・這個世界上，一定有人會喜歡我

・即使是我這樣的人，只要想結婚就一定能結得成

・這個世界上也是有可靠的好男人

・有些人是可以信任的

當我們發現這些不過是心結，根本沒有意義時，就能改寫它們。

當妳能夠唸出這些改寫過的句子，並打從心底接受它們，大聲說出「就是這樣沒錯！」就代表妳已經跨越了障礙。

不過，若是這些心結和強烈的心理創傷已經彼此結合，當我們唸出改寫過的句子時，或許會覺得聽起來像是謊言。

這時，請找出這個心結產生的時間點或場景，並回想自己當時的心情。

因為當時的衝擊而停止成長的小孩，現在就在妳的心裡。請把小孩當成可愛的小姪女，坐在她身邊，好好安慰她。

請告訴她：「媽媽好過份喔，聽到那些話，妳一定很難過。妳不是一個人喔，大家都很珍惜妳。所以沒關係，放心吧。」

當妳對小孩的心情產生共鳴，感覺到她的情緒時，小孩就會被治癒，再度開始成長，也可以就此解開過去造成的「心結」。

在這段過程中，可能有時也會爆發出對父母的強烈憤怒。但不論是誰，如果一直感受強烈的怒氣，都會非常痛苦。

這時，請下定決心請求專家協助，不要獨自面對。一位理解狀況的第三者，可以帶來「我不是孤獨一人」的安心感，進而幫助我們改寫不必要的心結。

給總是在意對方條件，而遲遲無法邁步向前的妳

若各位讀者正因為「不管帶怎麼樣的人給母親看，她都會反對」而深感困擾的話，針對這些困擾我有一些小建議。

有些愛操心又過度干涉的父母，會希望女兒的結婚對象是「一輩子不愁吃穿的職業，而且住在自己看得到的地方」。

愛操心的父母，會以食衣住為最優先條件，對方一旦有稍微令人不安的條件，父母就一定會反對到底。

這類型的父母，經常也有學歷至上的觀念。然而現實中，有些人即使是一流大學畢業也一樣找不到工作。但許多父母還生活在「舊時代的價值觀」裡，因此會有

對方必須是一流大學畢業的死板觀念。

有些人受到父母觀念的影響，也非常在意對方的學歷、職業等條件，因此一直無法順利踏上紅毯。

從我的立場來看，進入一流大學，擁有高社會地位職業的人，幾乎都是在父母的洗腦之下屈服，一路勉強自己努力。他們多半都有強烈的不安與焦躁感，活得非常辛苦。

也就是說，旁人覺得他們是「人生勝利組」，他們自己卻過得一點也不幸福。以「舊時代的價值觀」來說，一流大學醫學院畢業，成為醫師，就能成為金字塔的最頂層。然而，在我的諮商客戶中，有許多都是醫師。有些人明明想做其他工作，卻為了回應父母的期待而成為醫師，因此每天都過得非常痛苦。

我想再強調一次：父母的學歷至上觀念，是舊時代的想法，在食衣住等各種物質充沛的現代，這種觀念已經過時了。

▲未來是重視喜悅的新時代▼

目前已經證實，擁有高社會地位和富裕的生活，物質欲望就能滿足，但光是這樣，並不能讓人感到幸福。

在我的諮商經驗中，**在被強制觀念束縛，不得不努力的這段期間，無法感受到真正的幸福**。這是因為，努力的動機，是「不安」與「恐懼」。

當一個人正在做自己真正想做的事，在生活中感受到興奮雀躍，才能感受到幸福。因為這時，我們的動機是「喜悅」。

相信今後，社會會愈來愈肯定「做真正想做的事」具有的價值。

以舊時代的價值觀來看，應該會覺得「這也太奢侈了吧！」不過，時代已經大大改變了。

因此，自己想過什麼樣的生活，面臨抉擇時該做什麼樣的選擇，都必須按照自己的意志決定。

若是因為小時候造成的心結或灌輸觀念，養成了事事必須看母親臉色再決定的習慣，就會放棄掙扎，認為「不能和母親不喜歡的對象結婚」。

其實，根本沒有這回事。如果父母都喜歡妳的結婚對象，也贊成你們結婚，當然是最幸福的選項。但其實，一開始遭到反對，後來父母卻漸漸接受，也是常見的狀況。

▲有時父母其實只是害怕孩子獨立▼

在前來諮商的案例中，有不少已婚個案都是在決定結婚時遭到父母大力反對，但當事人當時下定了決心「只有這件事我絕不讓步」。

有時，這就是擺脫父母支配的關鍵。

戀愛與結婚，是和家人以外的人建立親密關係。這種經驗可以幫助我們從父母的束縛中解脫，邁出真正獨立的腳步，走出屬於自己的人生。

因此，我個人希望各位一定要堅持自己的想法（不過，有些父母只要女兒不順自己的意，就會一直採取攻擊性的方法，直到女兒聽話為止。這時，必須慎重擬定策略，決定如何應對）。

若妳無論如何就是無法違逆父母，背後的原因其實有可能是「恐懼感」。因為小時候，父母曾說過「不聽話就要丟掉妳」，當時造成的恐懼，引發了心理創傷。

不過，這只是小時候的心結，妳已經不需要再害怕了。

請告訴自己：即使父母討厭我，或是沒有父母，我也能活下去。請好好面對自我，思考自己到底想怎麼做，然後再做出選擇。

回想起過去
希望能獲得父親重視的自己

在前面的章節也說過，有些女性會在無意識間，在男友身上感覺到小時候對父親壓抑忍耐不說出口的情緒，因此在情路上跌跌撞撞。

反過來說，若是妳的父親真的尊重妳、重視妳，以深厚的父愛養育妳，妳所遇見的男性，應該也都會尊重妳、重視妳，以深厚的愛情對待妳。

但如果妳總是因為男友而痛苦或感到心累，請務必好好回頭想想自己的父親。

妳是不是已經和母親同化了，覺得一切都是父親的錯呢？

妳是否曾經因為母親因公婆而勞累，父親卻總是裝作沒看到不聞不問，而覺得母親很可憐？

如果答案是「是」，妳有可能會將父親的形象投射到男友身上，因為一些小事就引發過度反應，覺得「太過份了，你根本就沒想到我！」認為男友很可惡，甚至把男友當成敵人。

也有可能是小時候，當母親在盛怒之下對妳說出傷人的話，妳希望父親能挺身而出保護妳，但父親卻裝作視而不見，讓妳非常失望。

這時，妳也會覺得男友乍看之下很溫柔，但事實上卻是什麼事都交給別人，沒有主體性，也感覺不到自己的意志，沒有責任感。

很多人都會和類似的對象交往，不斷重演類似的經驗。

這不是對方的錯，而是妳的心裡有心結，覺得「男人就是這樣」。

請試著把妳在歷任男友身上感覺到的特質和曾經忍耐壓抑的事情一一列出來。接著，試著把這些內容的主詞都換成「男人」，讓每一句都變成「男人都〇〇」。

這些就是妳心中「無意識的心結」。

要擺脫過去的行為模式，必須先意識到自己內在的心結。

我在之前的章節也說過，想改寫人生劇本，就必須先察覺心結形成的當時，自己真正的感受。讓現在的妳能夠和過去的自己產生共鳴，治癒妳內心的小孩。

其實，小孩只是對父親懷抱戀慕之情，希望他最重視自己，但卻無法如願。請理解小時候的妳心中的悲傷。

這麼一來，小孩就會因為「終於有人了解我」而放心，開始恢復成長。「男人都○○」的心結也會慢慢鬆開，變得比較容易修正。

當對對方感到不滿時，必須注意這些事

我經常對前來諮商的客戶說，「其實一切都跟對方無關。你必須注意到自己內心的心結，那才是關鍵」。

男友態度冷淡，或是對妳很差，其實都不是對方的問題，而是因為妳的潛意識裡存在這份劇本。

這份劇本是妳自己以小時候的親子關係為藍本，在不知不覺間完成的。

如果現在的妳對這份劇本有所不滿，請記住它其實就是妳自己寫的，因此只要自己改寫就好。

將人際關係不順利的原因歸咎於「對方的錯」或是「都是我的錯」，**用被害者**

心態或是加害者心態思考，只會讓妳更加陷入煩惱，無法改變任何事。

當妳接受「這份劇本全部都是我自己寫的！」現實才會開始改變。

人生劇本的改寫方法跟改變「無意識的心結」方法是一樣的。

光是在妳察覺現狀之後就會有某些部分開始變化，然而，我們內心的小孩非常頑固，因此也有些部分無法輕易改變。

不過，只要下定決心「改變它」的話，總有一天一定能成功。

本書介紹的只是其中的一種解決方式。其實方法有許多種，每個人也有適不適合的差異。現在在網路上可以輕鬆獲得許多資訊，請試著找到適合自己的方式。

接著，希望各位一定要發揮恆心毅力，好好實踐就可以了。

— 第6章 —

找到命中注定
長久伴侶的訣竅

改變自己需要意志力

我們在第1章、第2章說過，戀愛低體溫症的人，對於與異性的親密關係會覺得麻煩而想抽身，或是有相反的傾向，不斷步步進逼，導致情路跌跌撞撞。這裡我將再次整理造成這些狀況的原因。

- **經常有強烈的不安感，和別人建立親密關係後會覺得坐立不安**
- **內心有偏頗的「無意識心結」，例如對異性（或正在交往的異性）有負面印象，或是消極的自我形象**
- **內心有著因幼兒期的選擇或決定而寫成的人生劇本，例如「我不結婚」等等**

- **會在無意識間將父親（母親）的形象投射在男性（女性）身上，不斷重演相同的經歷**
- **一直受到父母的干涉或否定**

除了「父母的否定」以外，上述每一項都是無意識下的行為，原因是數十年前，我們小時候的親子關係。

請各位務必記得，這不是對方的錯，也不是你的錯。真正的原因，是連你自己都很難意識到的「無意識的心結，以及人生劇本」。

本章將說明在了解真正的原因後，應該如何生活，以及面臨選擇、判斷與行動時該遵守的方針。

首先，我必須先說，若沒有努力改變自己，未來就不會有任何變化。請不要只是看過就好，請務必試著實際做第 5 章中介紹的方法。

要擺脫求生模式，最重要的是必須每天實踐，從身體開始改變。接著，讓我們一點一點打造出和「昨天以前的自己」不同的自己。

「昨天以前的自己」是受到久遠過去所束縛的自己，請想像自己**慢慢解開過去的束縛**，**邁向自由**。

為了獲得自由的生活，請一定要採取行動。

▲人生可以靠妳的意志改變▼

戀愛低體溫症是一種症狀。一切都是因為內心的恐懼、不安，造成了不必要的心結，在人生的各個階段扯住我們的後腿。

因此，改善戀愛低體溫症這種症狀，也能同時改善人生其他面向，幫助我們活得更輕鬆自在。

該如何才能減輕深植在內心深處的不安與恐懼呢？

如何才能放開內心不必要卻根深柢固的心結，改變自己的人生劇本？

一直以來，這些問題都是古今東西人類共同的課題。

可以斷言的是，這些問題該如何解決，看的是本人的意志力。

若不靠著意志力做出選擇、決斷，採取行動，我們一輩子都會是「過去的囚徒」。

當然，不論是什麼樣的人生，都非常珍貴，也都有其價值。因此，我也很尊重「不改變」的這項選擇。

不過，若是想改變的話，請一定要下定決心「改變」。

因為各位自己的決定，是非常重要的。

從「不可以依賴男人」的束縛中解放

過去在我的諮商客戶中，有一個這樣的個案。

這個個案的主角年約三十出頭，平日一邊上班工作，一邊跟母親兩人同住。但母親強烈的干涉與抱怨，讓她的身心倍感疲憊。

因為不想回家，她每天都工作到末班車發車時間才回去。再這樣下去感覺遲早會生病。

我聽到她的狀況之後，分析出的結論還是和母親分開居住比較好。然而，這位母親似乎是會強烈反對女兒離家的類型，我與個案也針對如何能成功離家討論出策略。

如果事前告訴母親要搬家的話，一定會遭到母親阻礙，因此必須像連夜逃走一樣，迅速俐落地搬走。

搬家時，我評估若是讓她和母親一對一，可能會在緊要關頭輸給母親的魄力，最後再次屈服。因此認為需要請一位第三者幫忙，於是我詢問她：

「妳有沒有男友或是公司的男性前輩可以幫忙搬家？」

她說，沒有男友，也沒有適合的前輩可以幫忙。

我就半開玩笑地說「那就找個打工仔來幫忙好了」。沒想到這句**「必須有男性夥伴」**的話令她忽然恍然大悟。

因為她出生之後沒多久，父母就離婚，母親常對她說「不要依靠男人」，因此她對結婚一直毫無興趣。

在這次諮商之後，她馬上就前往婚姻介紹所加入會員，開始尋找結婚對象，一個月後就找到了一位能夠讓自己感到安心，也能當她夥伴的男性。

最後她結了婚，也成功圓滿的離開母親，我也為她感到非常高興。

後來我也接到她的喜訊說「現在我和先生兩個人過著平穩的每一天，這是當初連我自己也不敢相信的事」。

當她內心「不可以依靠男人」的心結，以及「（所以我不結婚），要靠自己的力量活下去」的人生劇本，改寫成為「為了從母親的束縛中獲得自由，我需要男性當夥伴」，而下定決心「我要找一位可以當夥伴的男性」，之後沒過多久現實就改變了。

▲妳的人生真正需要的是誰？▼

如同上述的案例，因為受情勢所逼的緣故，現實一下就改變，甚至馬上就能結婚。

原本「無意識的心結」就是為了生存而產生的。因此同樣是為了生存，受到情勢所迫時，心結就會改寫。

「不追求，就永遠不會得到」這句話是真的。

就這點來說，讓自己陷入情勢所逼，不得不為的狀況，或許也是一種方法。

或許各位會覺得為了擺脫母親，或是因為其他急迫的情況而不得不結婚，這樣聽起來動機很不單純。或許也是如此，但現實中其實有很多女性都是為了逃離原生家庭而結婚。

許多人都是在離開原生家庭，擺脫父母的支配之後，才終於開始了自己的人生。

擺脫過去的束縛，讓自己邁向自由。就這點來看，迫於情勢而結婚或許也不是那麼不可取。

不過，結婚時還是必須注意一些情況，避免在擺脫父母的宰制之後，反而變成被丈夫支配。

我將這些注意事項整理在下一個章節中。

什麼樣的男人可以成為「安全基地」？

請各位盡量具體想像一下，未來你想成為什麼樣的人？

和別人建立親密關係且覺得很舒服放鬆，心中的喜悅多過不安。

打從心裡覺得「可以做自己」，和心愛的他在一起，可以安心放鬆。一起吃飯、一起帶狗散步、一起去旅行，享受平穩的幸福……。

請試著想像這些生動具體的情景。

想像中的妳在哪裡？是什麼樣子？身旁的他是什麼樣的人？

在一起時可以讓妳放鬆的對象，是什麼樣的人呢？

相信有些人想像的男性像熊寶寶一樣。

或許是看起來總是面帶笑容，感覺很親切的暖男。

或許是經常開玩笑，總是逗妳開心的人。

在想像具體形象的過程裡，總是令人興奮又雀躍。

請將這種開心的感受，好好確實地記在心裡。

戀愛低體溫症的人想得到幸福，最低的必須條件是跟對方在一起能夠「**感到安心、安全且能夠放鬆**」。

能夠安心放鬆，心情也會較為從容，自然就能體貼對方。交往時若能彼此體貼，就不會發生問題。

即使**對方收入很高，或是長得很帥，但若相處時無法讓妳安心，就不是適合妳的對象**。

當妳覺得對方無法令妳安心時，不管其他條件多好，或是覺得錯過有多可惜，都請妳直接刪除這個選項。

請一定要記得，妳的下一個交往對象，相處時必須能讓妳感到安心，而且能夠成為妳的夥伴。

▲如何分辨能讓妳安心的異性▼

有些讀者或許無法想像能讓自己安心的人到底是什麼模樣。

這代表妳的心裡或許還有「無意識的心結」，認為「我不能放下重擔」、「不可以獲得幸福」。

這種「無意識的心結」必須解開（方法請參照第５章）。現在，請先允許自己想像一下**「如果我可以獲得幸福的話，會是什麼樣子」**。

針對無法想像的人，我先列出幾個具體的條件。

首先，令人無法安心的男性特徵有下列幾項：

- **神經質、易怒**
- **希望所有事都順自己的意**
- **經濟觀念偏差（會為了自己的興趣揮霍，但其他方面很小氣）**
- **幾乎沒有朋友**
- **盲目服從父母**
- **心情會突然變差等等，情緒不穩定**

除此之外，或許還有各種不同的特徵。

我想告訴各位的是，現代的男性有許多都是在無意識下受到父母支配的「王子病患者」。

目前，因為夫妻關係的煩惱而前來尋求諮商的夫婦中，丈夫有這種「王子病」的案例很多。

這些王子明明受到自己母親的支配，卻沒有發覺，總是想討母親歡心，對父母言聽計從。

和母親中意的女孩結婚，因為想看母親高興的表情而生孩子，總是把母親放在妻子前面。

這樣的王子在緊要關頭時，當然不會站在妻子這邊，反而會責怪妳不順從公婆。

請一定要好好審視妳的他是否深信自己的父母是「非常完美的父母」，或是認為「孝順父母是理所當然的事」，請仔細觀察他是如何看待父母。

若他能以冷靜的眼光客觀看待父母，和父母也有適當的距離，應該就沒問題。

接著，我要以相反的角度思考「能夠令人安心的男性」應該具備哪些條件。

- **性格平穩，不常生氣**
- **能為對方著想，願意為了妳的需求或期待行動**

- **有適當的金錢觀念**
- **有幾位親密的友人**
- **已經脫離父母獨立**
- **相處時可以感覺到他的體貼，令妳覺得安心**
- **在妳心情不定時能夠給予支持**
- **可以說出真心話**

大致上是這種感覺。

對男性而言，令人安心的女性也是相似的類型。除此之外，當然還可以加上會做菜等等自己喜歡的特質。

即使妳「從來沒有覺得安心過，不知道那到底是什麼感覺」，也有可能在遇到某個人之後發現自己能夠在他面前放鬆，實際體會到「原來這就是安心的感覺」。

若妳不知道安心感是什麼感覺，請參照第 5 章內「緩解緊張的練習課」，養成習慣，經常練習。

雖然會有個人差異，但大致上只要每天練習，3個月後緊張就會慢慢緩解，開始能夠注意到身體的感覺。

在戶外行走的時候，可以好好觀察周遭，感覺腳底的重量，不要想東想西，將注意力集中在「五感」，練習去「感覺」。

之後意識會漸漸回到「當下」，就能學會放鬆心情，實際感受到「現在既不覺得不安，也不覺得焦慮，心情很平靜，這就是安心」。

擺脫「求生模式」，進入「交流模式」，和令妳安心的人在一起，就能更加感覺到溫暖與舒適，從中滋長出平穩的愛情。

當覺得莫名起疑心時，先讓自己冷靜下來

找到安心安全型的對象後，即使兩人順利交往，或許妳有時還是會因為不安而責備對方，或是鬧起彆扭，想用奇怪的方法測試對方。

這時若對方沒有馬上做出反應，而是用穩重的態度接住妳的球，等妳回應，其實是很理想的處理方式。這樣一來，妳就可以察覺自己的情緒，也有時間做出調整。

當妳感到莫名焦躁，想把氣出在對方身上時，**請注意到自己是否是因為不安而引發了過度的反應**。

接著，請妳深呼吸，將注意力集中到「當下的此時此刻」，讓身心平靜下來。告訴自己「這個人是我的同伴，相信他吧」。不是對方的錯，而是自己起了過度的

反應。

在恢復理智之後，**請誠實向他說明「對不起，我剛剛很焦躁」**。請多反覆練習，將下列的流程養成習慣：

①引發創傷反應，而開始心浮氣躁

②發現自己進入求生模式

③利用深呼吸等方式讓自己冷靜下來，回到「當下的此時此刻」

④煩躁漸漸平息

慢慢地，妳會發現連創傷反應都不再發生了。

請一定要腳踏實地，一次一次練習。

看清自己的內心，就能改變人生

發現自己心浮氣躁，發現自己因為不安而很緊張，發現自己受制於過去的創傷……注意到這些事，將會是妳人生的一大助力。

今後，當妳結婚、養育孩子後，會更容易想起自己的童年，所以也更容易引發創傷反應。

若妳沒有察覺自己身上發生了什麼狀況，就會因為無意識的衝動而忍不住對孩子發洩負面情緒。事實上，許多媽媽都正為這種情況而煩惱。

養兒育女事實上也是一種「自我的培育」。找到跟孩子同樣年紀時「受傷的自己」，療癒過去的自己的過程。

其實不是眼前的丈夫或孩子犯了錯，而是妳內心積壓已久的負面情緒引發了過度反應。請一定要正視這點。

藉由數落丈夫的不是、埋怨孩子不聽話等方式，把錯都推到別人頭上，或自責自己總是一下子就心浮氣躁，而陷入煩惱，這些都不能改變事實。

不管是被害者思考或加害者思考都只會讓情況無限循環，無法解決問題。

請不要陷入這個僵局，而是察覺自己只是起了創傷反應。**「加深對自我的認識」**才能讓我們從過去的創傷中解脫。

不只是家庭，其實工作與其他人際關係也有各種關鍵的導火線，會讓人想起過去的創傷，引發過度反應。

這時，請不要鑽牛角尖，思考一下「現在出了什麼事？我該從這件事裡發現什麼？」把注意力放在加深自我的認識上。

當妳發現真正的原因，也就是過去壓抑的負面情緒時，現實的問題就會順利解決。因為當妳發現原因之後，就不再需要它了。

本書所寫的內容，不只能幫助各位治療戀愛低體溫症，同時也可以廣泛應用在人生各種的問題上。

▲每個人都可以活得自由自在▼

當我們更加深入了解自己後，對現實的看待方式也會慢慢改變。解開過去的束縛，就能擺脫「不得不如此」的魔咒，看清自己真正的渴望，且能夠自由行動。

因為，我們原本就是自由的。

現實中所有令人介意或不愉快的事情，都是認識自己的機會。請將它們當成自己的問題，思考自己究竟是對哪一點會起反應。

有時事情或許不會那麼順利，但這時請不要沮喪，一定要有毅力，隨時只要想到就試試看。

持續一段時間之後，妳會發現體質慢慢改變，現實生活也會愈來愈輕鬆。

我由衷希望付諸實踐的各位，都能夠改變現實，獲得自己的理想人生。

後記

用心理學的用語來說，「戀愛低體溫症」其實就是「依附關係」的問題。在現代，許多人都有「依附關係」的問題。

所謂的依附關係，是在嬰幼兒時期的親子關係中培養出來的。據說最重要的時期是8個月大到1歲半左右（當然，這段時期的前後也很重要）。

有依附問題的人之所以愈來愈多，原因在於現代養育嬰幼兒的方法有問題。

我認為，其中一個理由是戰後的育兒方法出現了一種扭曲的西歐化傾向。

過去日本的育兒方式，嬰兒不論何時都有人揹著，人們不管去哪裡都會帶著孩子。大人尊重孩子的要求，有些孩子甚至到了4、5歲還要吸奶。

明治初期，在東京大學教授生物學的愛德華・S・摩斯在其著作《日本的每一天（Japan Day by Day）》裡，如此描述日本的父母與子女。

世上再沒有哪個國家和日本一樣如此親切對待且小心注意孩童了。從孩子們的滿臉笑容，可以看出他們從早到晚都非常幸福。他們一早就上學，或是在家裡幫忙父母做家務，和父親一起工作，或是幫忙顧店。他們總是非常滿足又幸福地工作，我至今從來沒看過哪個孩子鬧彆扭或是遭到體罰。

以前的人絕不會把幼兒一個人丟在家裡。母親或大一點的孩子會把小孩綁在背上，幼兒開心地跟著大人四處打轉，呼吸新鮮空氣，觀察四周所有的事物。日本人確實解決了兒童問題。再也沒有哪個國家的母親比日本人的母親更能忍耐、更充滿豐沛的母愛，且對孩子如此犧牲奉獻了。

按照摩斯的說法，過去的育兒方法，比歐美更先進，「可以解決兒童問題」。事實上，從現代最新的育兒理論來看，當時的育兒方法真的非常合理。遺憾的是，日本拋棄了珍貴的先人智慧。

戰後的育兒方法主張「避免養成嬰兒要人抱的習慣」，把孩子放進嬰兒床，推崇提早斷奶，讓母親從餵奶的牢籠中解脫。幼兒學會走路之後，父母就以管教之名開始訓斥孩子。

育兒方法從「以孩子為主」，轉變為「以父母為主」。

孩子如果總是跟他人待在一起，倍受疼愛，就能感到安心與幸福感，長大後也能成為放心與人交流的幸福成人。

然而，現代的育兒方式在出生後早早就讓孩子接收到「不要給爸媽添麻煩」的指示，孩子的自我肯定感降低，長大成人後也會對他人充滿戒心，生活因此倍受磨難，也不是難以想像的事。

以這個觀點來看，戀愛低體溫症與其說是個人問題，其實具有更大的社會性層面問題。

我真心希望能夠和過去一樣，轉變成一個「從容不迫的社會」，重視兒童的需求勝過大人的生活便利性。

同時，我也認為我們每個人都必須有意識地努力找回自己的安全感與幸福。

相信閱讀本書的讀者中，許多人將來都會組成家庭。

很多人或許都覺得「想到孩子將來可能會變成像我這樣，就擔心得不得了……」。不過，育兒時，需要的不是擔心，而是讓孩子安心，重視他、讓他開心。

這是一百年前的人都能做到的事，現代的我們一定也能做到。

本書的誕生，要感謝綜合法令出版社的編輯中川奈津小姐。

不知讀者是否對本書的內容滿意，不過，現在我能傳達的事，已經全都寫在這本書裡了。

真心期盼各位讀者都能在不遠的將來，和一位能夠成為安全基地的理想伴侶一起，每天過著平穩、充實的幸福人生。

2017年9月吉日

高橋リエ

國家圖書館出版品預行編目(CIP)資料

戀愛低體溫症：讓戀愛冷感的你不再逃避與不安，找到生命中的另一半！/ 高橋リエ著；劉淳翻譯 . -- 初版 . -- 新北市：大樹林，2019.08
面； 公分 . -- (心裡話；9)

譯自：恋愛低体温症

ISBN 978-986-6005-90-9(平裝)

1. 戀愛 2. 兩性關係

544.37 108011226

大樹林

心裡話 009

戀愛低體溫症

讓戀愛冷感的你不再逃避與不安，找到生命中的另一半！

作　　者 / 高橋リエ
譯　　者 / 劉淳
主　　編 / 彭文富
編　　輯 / 王偉婷
排　　版 / 弘道實業有限公司
封面設計 / April
校　　對 / 12 舟

出 版 者 / 大樹林出版社
營業地址 / 23557 新北市中和區中山路二段 530 號 6 樓之 1
通訊地址 / 23586 新北市中和區中正路 872 號 6 樓之 2
電話：02-2222-7270
傳真：02-2222-1270
E- mail：notime.chung@msa.hinet.net
官　　網 / www.guidebook.com.tw
臉　　書 / www.facebook.com/bigtreebook

總 經 銷 / 知遠文化事業有限公司
地　　址 / 222 新北市深坑區北深路 3 段 155 巷 25 號 5 樓
電　　話 / 02-2664-8800
傳　　真 / 02-2664-8801

初　　版 / 2019 年 8 月
I S B N / 978-986-6005-90-9
台幣定價 / 290 元
港幣定價 / 97 元